高校科技成果评价中的信息不对称问题研究

丁 华◎著

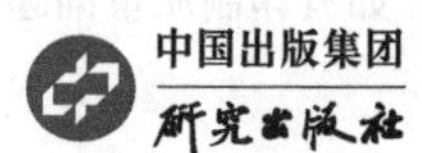

中国出版集团
研究出版社

图书在版编目（CIP）数据

高校科技成果评价中的信息不对称问题研究 / 丁华著. — 北京：研究出版社，2024. 3

ISBN 978-7-5199-1627-5

Ⅰ. ①高… Ⅱ. ①丁… Ⅲ. ①高等学校 – 科技成果 – 成果转化 – 不对称信息 – 研究 – 中国 Ⅳ. ①G644

中国国家版本馆 CIP 数据核字（2024）第 024696 号

出 品 人：陈建军
出版统筹：丁　波
责任编辑：朱唯唯

高校科技成果评价中的信息不对称问题研究

GAOXIAO KEJI CHENGGUO PINGJIA ZHONG DE XINXI BUDUICHEN WENTI YANJIU

丁　华　著

研究出版社 出版发行

（100006 北京市东城区灯市口大街 100 号华腾商务楼）

北京建宏印刷有限公司　新华书店经销

2024 年 3 月第 1 版　2024 年 3 月第 1 次印刷

开本：710 毫米×1000 毫米　1/16　印张：10. 5

字数：190 千字

ISBN 978-7-5199-1627-5　定价：59. 00 元

电话（010）64217619　64217652（发行部）

目　　录

绪　论

1. 研究背景、目的与研究意义

1.1　研究背景

当今世界科技创新能力是一个国家、地区以及各个经济主体得以持续发展的重要推动力，作为国家创新体系重要组成部分的高校，正是这种推动力的重要来源之一，高校在创新人才培养、原创性科学技术和理论研究，特别是基础理论研究方面正发挥着越来越重要的作用。①

据统计，2009 年的国家科学技术奖中，在国家三大奖 289 项通用项目中，全国高校共获奖 198 项，占总数的 68.5%。② 2011 年全国共登记重大科技成果 44208 项，其中高校完成 8288 项，占总数的 18.8%。

2012 年，高校的 R&D 人员全时当量为 31.4 万人年，占全国总量的 9.7%。高校科学研究（包括基础研究和应用研究）人员占全国科学研究人员总数的 49.4%，高出研究机构 19.5 个百分点。全国有 61.7% 的国家级重点实验室和 35.3% 的国家级工程研究中心都设在高校。两院院士中 38.3% 在高校从事科研工作。③

2012 年，高校的基础研究经费占到全国基础研究经费总数的 55.3%，高校科研经费（基础研究经费与应用研究经费之和）占全国的比重为 40.8%。高校应用研究经费占全国应用研究经费总数的比重近年来基本保持在 1/3 左右。④

2012 年，SCI 收录中国论文 16.49 万篇，其中高校达到 13.7 万篇，占 83.1%。2013 年，CSPTCD（中国科技论文与引文数据库）收录了 1989 种中国科技期刊，收录以中国作者为第一作者的论文 51.32 万篇，其中高校达到 33 万篇，占到全国总量的 64.4%。⑤

2013 年，国内高校发明专利申请量为 104767 件，实用新型申请量为

① 刘仁义：《高校教师科技绩效评价问题研究》，天津大学 2007 年博士学位论文。

② 刘娟：《政府主导型的高校科研成果评价研究》，中南大学 2011 年硕士学位论文。

③ 余阳：《高校科技成果绩效评价研究》，武汉理工大学 2012 年硕士学位论文。

④ 周增骏：《面向协同创新的高校知识资本化机制研究》，浙江大学 2015 年博士学位论文。

⑤ 李娜娜：《高校科技成果转化系统动力研究》，山西财经大学 2015 年硕士学位论文。

44409件，外观设计为5583件，其中发明专利申请约占申请总量的68%，这一比例远远超过当年国内发明专利申请比例的平均水平。① 高校已经成为名副其实的承担国家科研任务、开展国际科技竞争的主力军。

在肯定高校取得的这些令人振奋的耀眼光环和成绩的同时，也不得不承认高校科技成果存在亟待解决的问题。根据美国国家科学基金会（NSF）2016年1月发布的统计数据，中国的科学和工程论文数量已超过美国，位居世界第一，而这些论文的平均引用率却排在100名以后，在我国学者发表的国际学术论文中，80%左右的论文都处在“低被引用区间”或“零被引用区间”②；从2011年开始，科研数据统计机构汤森路透每年都会发布一个“全球创新企业100强”的报告，截至2016年，已连续发布了5年，其中中国大陆企业，只有2014年华为入选一次。

目前我国高校科技成果虽然数量众多，但能够转化成现实生产力，取得实际经济和社会效益的成果却为数不多。教育部2006年公布的一份统计数据显示，我国高校每年获得的科技成果总数大约为6000到8000项，但实际能转化成现实生产力的还不到10%，以专利为例，根据中科院对全国高校做的调查，高校许可、转让的专利占“活专利”的比例仅仅为2.03%，如果算上已被高校放弃的“死专利”，转让的比例则更低，而美国、日本、德国大学专利被许可、转让的比例平均在50%左右。

虽然我国在高校科技成果评价方面，经过多年的探索，取得了一定的经验和成效，但截至目前，我国还没有一部专门的关于高校科技成果评价方面的立法，也没有专门的监督机构对高校科技成果评价进行监督和管理，只是在各种专项评估中，例如在专业评估、学科建设评价、教学水平评估、科技部和国家自然科学基金委组织对课题项目的结题验收评价中部分涉及对高校科技成果的评价，而高校科技成果的总体质量情况以及高校对科学研究事业和社会发展到底有怎样的贡献，其研究水平在世界上到底处于一个什么样的位置，这些问题都无法通过现有的评价方式得到解答，导致我国虽然每年都向高校投入大量科研经费，但真正有影响力的、能够影响世界的科技成果却寥寥无几。

1.2 研究目的

党中央、国务院在2006年1月9日召开的全国科技大会上提出了建设创

---

① 赵楠、王炜、旭昀、易方、唐志勇：《对我国高校基于专利申请数量以及质量的知识产权发展研究》，《中国发明与专利》2015年第12期，第120—123页。

② 蔡琼、苏丽、丁宇：《从行政主导转向国家主导：我国科研评价制度的理性选择》，《科学学与科学技术管理》2009年第9期，第35—39页。

新型国家的战略决策，把增强自主创新能力作为发展科学技术的战略基点，要使科技发展成为经济社会发展的有力支撑。作为国家创新体系重要组成部分的高校，在推动科学技术的跨越式发展、培养高水平创新人才、探索具有中国特色自主创新道路方面具有义不容辞的责任。而要使高校和高校科技工作者承担得起这一历史使命，就必须建立一个科学、公正、合理的高校科技成果评价体系。这个评价体系既要起到鼓励高校科技工作者从事科技创新积极性的作用，同时还要起到杜绝“学术造假”和“学术腐败”的作用。

表面上看当前我国高校科技成果评价中存在的弊端是因高校科技成果评价体制不合理、相关制度建设不完善、不健全造成的，如果不把这个隐藏在背后的机制阐述清楚，那么，在如何构建一个合理的，既能够起到调动广大高校科技工作者从事科技创新的积极性，又能够合理配置科技资源的高校科技成果评价体制问题上，就会缺乏明确的方向性和足够的说服力。

从我国高校科技成果评价存在的各种问题来看，当前我国高校科技成果评价中存在论文粗制滥造、学术造假、学术腐败等现象完全符合信息经济学中“柠檬市场”的特征，而形成“柠檬市场”的根本原因在于市场上买卖双方信息不对称导致的“逆向选择”和“道德风险”。针对这一情况，本书将信息经济学中的信息不对称理论应用于高校科技成果评价的研究中，对我国高校科技成果评价中存在的信息不对称问题的表现、成因及其导致的“逆向选择”和“道德风险”进行分析，并就如何解决高校科技成果评价中的信息不对称问题提出了相应的对策，希望为改进我国高校科技成果评价，提高科技管理水平提供理论依据。

1.3 研究意义

高校科技成果评价是科技管理工作的一个重要环节，是优化科技资源配置，提高科研经费使用效率的重要手段；是增强政府宏观科技管理能力，提高政府科技决策水平的重要保障。一个科学、合理的高校科技成果评价体系不仅可以提高科技管理工作的公正性、科学性，更能起到调动广大高校科技工作者从事科技创新积极性的作用。① 系统研究高校科技成果评价问题，可以及时发现科技管理过程中存在的各种问题，为今后的科技管理工作提供改进的依据，促进高校科研实力和科研管理水平的提高。

本研究是一个多学科交叉课题，具有一定的理论价值和创新性。当前高校科技成果评价中产生的各种问题已经引起了广大高校科技工作者和相关部

① 俞立平、潘云涛、武夷山：《科研机构总量评价指标的改进研究——基于规模、质量、均衡的视角》，《图书情报工作》2010 年第 54 期，第 27—30 页。

门的注意，但是学术界相关的理论研究还较少，没有为管理者提供足够有说服力的理论指导，本研究希望对相关部门管理人员和政策制定者有所帮助。

本研究在一定程度上拓展了信息不对称理论的应用范围。信息不对称理论是信息经济学中重要的基础理论，该理论虽然被学者们广泛应用在不同的研究领域，但用来系统全面地分析高校科技成果评价问题还很少看到，本研究对信息不对称理论在高校科技成果评价中的应用具有一定价值。

2. 文献综述

2.1 国外相关研究

国外科技发达国家在科技成果评价方面的研究开展得比较早，经过近一百年的发展和完善，基本上形成了比较成熟的评价理论、方法和程序。另一个重要特点是都选择以立法的方式确立科技成果评价在整个国家科技管理和科技发展中的作用与地位。美国是开展科技成果评价工作最早的国家之一，早在1914年美国就设立了专门对国会议员和各个委员会提出的各种问题进行分析研究和评价的国会研究服务部（Congressional Research Service，简称CRS），其中那些与科技有关的研究、分析和评价即可以被看作是科技成果评价的雏形。[①] 美国的科技成果评价都有相应的法律作为依据和保障，这些法律对科技成果评价的权利和责任、评价的功能和方法、评价的机构都有明确的规定。美国国会1993年颁布的《政府绩效与结果法案》（GPRA），将那些由政府资助的科研活动和机构，以及政府部门的绩效活动都纳入了评估范围。[②] 美国对科技成果进行评价的机构分为国会政府科技评价机构、州政府科技评价机构、高等院校和研究院的科技评价机构三个层面。在美国，比较著名的专业科技评价机构有世界技术评估中心（WTEC）、国会研究服务部（CRS）、美国管理科学开发咨询公司（MSD）等。[③] 经过近一百年的不断发展和完善，科技成果评价在美国已经发展成为一项经常性的、制度性的工作，并引得世界上其他国家竞相对其科学的评价方法和评价机制进行学习和借鉴。[④]

---

① 王嘉、曹代勇：《我国科技成果评价的发展现状与对策》，《科技与管理》2008年第10期，第92—95页。

② 张清：《青年教师科研基金项目综合评价研究》，华北电力大学2010年硕士学位论文。

③ 王嘉：《科技成果评估方法与指标体系的研究》，中国矿业大学2010年博士学位论文。

④ 刘文忠、刘文军：《国外科技评估的几个基本经验》，《海峡科技与产业》2013年第1期，第77—78页。

根据美国科学、工程与公共政策委员会的定义，科技评价方法可以分为同行评议法、案例分析法、定标比超法、文献计量分析法、回溯分析法和经济计量法六种方法。[①] 目前国际上比较公认的科技评价方法是将定性的同行评议法与定量的文献计量分析法相结合的方式。实践表明，文献计量指标的评价结果和同行评议结果常常是高度吻合的。[②]

相对于定量分析方法而言，定性评价方法在国外科技成果评价中被运用得更早，而其中应用最广泛、最早的定性方法就是同行评议法。[③] 历史上可以追溯到的最早的同行评议是1416 年威尼斯共和国采用同行评议对专利的审查。[④] 现代历史上美国第一个将同行评议法引入科技评价中，20 世纪 30 年代，美国国家科学基金会（NSF）在提交给国会的一份报告里对同行评议的定义进行了最早的界定，即由科学家同行进行的价值评议。同行评议在美国被广泛应用于对高校和科研机构的评价之中。同行评议法在英国应用得也非常普遍，其著名的高校科技评估（Research Assessment Exercise，简称 RAE），现在演变为科研卓越框架（Research Excellence Framework，简称 REF），主要采用的就是以学科为单位的同行评议法。从 1986 年到 2014 年英国高等教育拨款委员会（ Higher Education Funding Council for England，简称 HEFCE）共完成了 6 次 RAE 评估和 1 次 REF 评估。RAE 的评价指标主要包括学术声誉、研究成果和研究环境。在评估的时候要求每位被评价对象提供四篇代表作和参与研究的相关学生情况等，只有在评价研究环境和学术声誉时会用到少量定量指标作为同行评议的辅助手段，对研究成果的评价则完全依靠同行评议。[⑤] 但是，同行评议也有缺陷，就是其有很大的主观性，容易引发利益冲突。美国在 20 世纪七八十年代就曾经发生过多次反对使用同行评议方法的运动。于是，人们开始寻求能够使评价结果更加客观的评价方法，并尝试着在科技评价中引入数学、计量学和统计学等定量分析方法。

文献计量分析法是目前国际上关于科技评价的主流定量分析方法，[⑥] 也被称为文献统计分析，是把文献计量特征和文献体系作为研究对象，利用数学和统计学方法对相关文献情报的数量关系、分布结构和变化规律进行统计

---

① 王雅芬、贾丽娜：《国内外高校科研评价方式的比较研究》，《评价与管理》2005 年第 1 期，第 19—22 页。

② 王攀：《高校教师科研评价研究》，武汉理工大学 2006 年硕士学位论文。

③ 李伟：《西部地区地方高校科研评价体系研究》，西安工业大学年 2012 年硕士学位论文。

④ 张荣：《新环境下同行评议的机制研究》，武汉大学 2005 年硕士学位论文。

⑤ 王莉华：《同行评议科研评价的运行管理：英国 RAE 案例的启示》，《中国高教研究》2012 年第 5）期，第 53—57 页。

⑥ 王孝宁、何苗、何钦成、郭继军、韩大勇：《基于文献计量学研究方法的科技论文定量评价》，《科学学与科学技术管理》2004 年第 4 期，第 15—18 页。

分析的一门学科。[①] 1962 年和 1963 年，被称为“科学计量学之父”的美国科学家普赖斯先后发表两部著作《巴比伦以来的科学》《小科学，大科学》，开创了科学定量分析之先河。[②] 美国 NSF 早在 20 世纪 70 年代就开始探索基础研究及其影响力的定量评估方法，并于 1976 年形成了这一领域的经典报告《作为评估方法的文献计量学》。[③] 日本和欧洲的研究机构也在同一时期开展了将文献计量指标用于科技评价和科技政策分析的研究与实践工作。客观与定量分析是文献计量分析法最突出的优点。当文献计量学被应用于科技评价时又被称为科学计量法，即根据相关科学文献的发表、引用和分享的量化数据来反映科学研究活动情况。因此，文献计量法和科学计量法是同一种方法的不同称谓。科学文献资料是科学计量法的有效单元基础，目前由美国著名情报学家和科学计量学家尤金·加菲尔德博士（Eugene Garfield）创办于20 世纪60 年代的《科学引文索引》（Science Citation Index，简称 SCI）数据库是国际上应用最广泛的客观科技评价工具。1983 年，匈牙利著名的文献计量学专家布劳温（Pibor Braun）博士利用 12 项文献计量学指标对国际上 32 个国家的自然科学文献进行了比较研究并给出了比较结果。[④] 2003 年，荷兰莱顿大学科学与技术研究中心主任、科学计量学专家安瑟尼·范·瑞恩（Anthony F. J. van Raan）教授研究了如何通过词频分析来定量描述不同研究方向之间的相关程度，从而描绘出研究领域的科学地图，这种科学计量学方法能够应用于学者地域分布、学术机构排名、学科领域分析等很多研究领域。瑞恩还开发了“国内某学科的篇均被引率”“世界范围内某学科的篇均被引率”以及“某杂志的篇均被引率”等指标，并提出用“篇均被引次数”除以“世界范围内某学科篇均被引率”就能反映出科研绩效国际影响力的观点。[⑤] 2013 年，西班牙学者杰玛·德里克（Gemma E. Derrick）和文森索·帕瓦尼（Vincenzo Pavone）在《科学与公共政策》（Science and Public Policy）杂志上发表了他们关于科技评价民主化问题的研究结果，其中不仅比较了文献计量学评价和同行评议各自的优缺点，更提醒了人们注意文献计量学评价对科技评价民主化的贡献，即它使普通人也能参与到科技评价中去，从而使

---

① 王日芬：《文献计量法与内容分析法的综合研究》，南京理工大学 2007 年博士学位论文。

② 彭家常：《科学学及其三种学术期刊的文献计量学研究》，天津大学 2006 年硕士学位论文。

③ 朱文雨：《基于平衡计分卡的高校科研成果评价研究》，南京林业大学 2013 年硕士学位论文。

④ 罗式胜：《科学文献计量学家——布劳温》，《情报杂志》1992 年第 2 期。

⑤ Anthony F. J. and Van raan，" The Use of Bibliometric Analysis in Research Performance Assessment and Monitoring of Interdisciplinary Scientific Developments"，*Technology Assessment Theory and Practice*，2003，12（1）：20 – 29.

科技评价走出封闭的学术圈。①

文献计量法虽然在科技评价中获得了广泛的应用，但也引发了不少争议。兰泽尔（W. G. Lanzel）与斯库宾（U. Schoepin）（1999）根据1993年SSCI与SCI的年度累积索引数据，研究分析了文理科在引文方面的区别，研究结果显示：在一些文科领域，引文除了来自非连续出版物，还来源于非学术性出版物，由此提出将文献计量学方法运用于这些文科领域时，需要改进原来的信息流模型的建议。② 2000年，文森特（A. Vincent）和罗斯（D. Ross）在一篇研究大学教师科研影响力评价的引文分析的论文中指出，引文数量会受到学科领域、期刊的格式与创办时间的长短、期刊的语言等因素的影响。同时强调，引文数量并不能完全代替同行评议。③ 2002年，科迪欧（J. S. Kotiaho）研究了引文歧视的问题。比如来自发展相对落后国家的论文就很可能在引文分析中遭到歧视，那些著名的学术权威及其合作者的论文则更被重视，作者署名排序也会导致引文歧视。此外，由于人们更喜欢引用综述性文献，从而导致原始文献被掩盖，再加上各种错引问题都可能导致偏差的出现，因此应谨慎地使用引文分析工具。④ 2005年，丹麦学者瓦力（J. A. Wallin）对文献计量学在应用中存在的问题和缺陷进行了分析，并给出了解决办法。他认为目前文献计量方法存在被过度使用的风险，并指出用引文数量来进行科技评价是建立在引文数量与科研质量之间具有线性关系的假设基础上的，但这种线性关系的假设在很多情况下是站不住脚的。因为引文数量受很多因素影响，一些典型的错误观点会被大量引用，综述类的论文引用率也会很高，不同学科和领域的引用情况差别会非常大。⑤

总的看来，文献计量评价法比较适合需要定量评价和宏观评价的场合，同行评议法比较适合需要定性评价和微观评价的场合。鉴于文献计量法存在的缺陷，特别是其评价指标缺乏综合性，在评价复杂对象和问题的时候缺乏说服力，人们在实践中往往将同行评议与文献计量法结合起来使用，这就是综合评价方法。

---

① GE Derrick and V Pavone, " Democratising research evaluation: Achieving greater public engagement with bibliometrics-informed peer review", *Science and Public Policy*, 2013, 40 (5): 563 - 575.

② Lanzel W G and Schoepin. U, " A Bibliometric Study of Reference Literature in the Sciences and Social Sciences", *Information Processing and Management*, 1999, (35): 31 - 44.

③ Vincent A and Ross D, " on Evaluation of Faculty Research Impact of Citation Analysis" *The Journal of Applied Business Research*, 2000, 16 (2): 1 - 13.

④ Kotiaho J S, " Ethical Considerations in Citing Scientific Literature and Using Citation Analysis in Evaluation of Research Performance", *Journal of Information Ethics*, 2002, 11 (2): 10 - 16.

⑤ Wallin J A, " Bibliometric Methods: Pitfalls and Possibilities", *Basic & Clinical Pharmacology & Toxicology*, 2005, (97): 261 - 275.

由于现实生活中事物的影响因素往往是复杂多变的，用一个指标很难做出全面、准确的评价，这时就需要用多个指标对被评价对象的特征进行评价，综合评价是当前科技评价研究的重要发展方向。[①] 综合评价也被称为多变量综合评价方法，是根据发表科学论著的数量和引证次数，根据不同的评价要求采用对应的细化指标，运用综合集成的方法求得分值，用以衡量科技成果学术水平和社会效益的研究方法。[②] 在综合评价模型、方法的研究方面，英国著名统计学家卡尔·皮尔森（Karl Pearson）在1901年提出了将多个指标转化为若干综合指标的主成分分析法（Principal Component Analysis, PCA）[③]。霍特林（Hotelling）在1933年对这个方法进行了完善，将非随机变量拓展到随机变量。[④] 1957年，英国剑桥大学经济学家法瑞尔（M. J. Farrell）在分析英国农业生产力的研究中提出了包络思想，在法瑞尔研究的基础上，美国得克萨斯大学的库伯（W. W. Cooper）教授和查恩（A. Charnes）教授于1978年提出了可以用来评价多个对象科技创新能力的、基于相对效率的多投入多产出分析法，即数据包络分析法（Data Envelopment Analysis, DEA）。由于这种方法依赖线性规划技术和非参数方法，所以又被称为非参数方法或Farrell型有效分析法。[⑤] 以美国加利福尼亚大学控制论专家扎德（L. A. Zadeh）在1965年发表的关于模糊数学的经典论文为标志，人们发现了可以用于描述充满模糊性的现实世界的精确数学方法，这就是模糊评价法（Fuzzy Comprehensive Evaluation, FCE），模糊评价法是建立在模糊数学基础上的一种综合评价方法。[⑥] 1971年，美国匹兹堡大学的萨迪（Thomas. L. Saaty）教授提出了一种适用于评价结构复杂问题的层次分析（Analytic Hierarchy Process, AHP）的方法，这是一种将评价结构复杂问题的指标划分为若干层次的定量与定性相结合的评价方法，此种方法非常适用于结构复杂并且

---

① 文庭孝、侯经川：《国内科学评价研究进展》，《图书情报工作》2005年第10期，第55—59页。

② 朱少强：《国内外人文社会科学研究评价综述》，《评价与管理》2007年第4期，第39—63页。

③ LM Surhone et al., *Principal Component Analysis*, Betascript Publishing, 2013, 23 (2): 41 - 64.

④ Ahmed Sami Abdulghafour Alani, *Principal Component Analysis in Statistics Gazimağusa*, Eastern Mediterranean University, 2014.

⑤ Subhash C Ray, *Data Envelopment Analysis*, An Overview, Storrs CT 06269 - 1063 USA University of Connecticut, 2014.

⑥ X Wang and L Xing, *Application of Fuzzy Comprehensive Evaluation in Bidding Risk Assessment on International Project*, International Conference on Management Science, 2009.

数据缺乏的情形。[①] 1982 年，波兰数学家波拉克（Z. Paw Lak）提出粗糙集理论（Rough Set Theory，RST），粗糙集理论采用知识约减的方法来确定评价指标的权重，这是一种处理不确定性和模糊性的数学方法。它将权重确定问题转化为粗糙集的属性重要性评价问题。[②] C. L. Hwang 和 K. Yoon 在 1981 年提出一种能在归一化的数据矩阵中，找出最优和最差方案，并根据评价对象与最优和最差方案的相对接近程度作为评价依据的评价方法，这就是 TOPSIS（Technique for Order Preference by Similarity to Ideal Solution）评价法。1994 年，Lai et al. 将这种方法应用在多目标决策问题上。[③]

根据评价指标权重确定方法的不同，综合评价可以分为客观赋权法和主观赋权法，客观赋权法，顾名思义其评价指标权重是能够通过客观计算得到的评价方法，包括粗糙集法、判别分析法、熵值分析法、聚类分析法、变异系数法、灰色度关联法、神经网络分析法、主成分分析法和 TOPSIS 评价法等。主观赋权法的评价指标权重是由评审专家根据主观经验得到的，包括指数加权法和功效系数法、模糊评价法、综合评分法、AHP 法和专家评判法等。

在高校科技成果评价指标研究方面，1986 年，英国副院长、校长协会和大学拨款委员会（CVCP/UGC）在编制《英国大学管理统计和绩效指标体系》时提出评价指标的设计应遵循下列原则：①指标应简单明了；②指标应能系统反映投入产出以及过程情况；③指标要紧密结合科研目标；④指标要具有可信度；⑤指标要能反映出学校运作的有用信息和问题；⑥指标要标准化、容易量化。[④]

澳大利亚国立大学社会科学研究院科研评价与政策项目组（简称 REPP）2005 年在剖析和综述澳、英、法等国的定量学术评价指标后得出结论，运用定量指标进行科技评价应遵循七个基础步骤：①弄清楚“学术影响”“研究质量”“学术水平”这些基本概念的区别；②确定定量指标与同行评议之间的关系；③选取指标；④要注意评价指标对评价对象的负面影响；⑤注意并处理好不同学科领域内引文情况的差别；⑥选择好评价单元的级别；⑦呈现

① TL Saaty, " Decision making with the analytic hierarchy process", *International Journal of Services Sciences*, 2008, 1 (1): 83 - 98.

② P Yin et al. , , International Conference on Management Science & Engineering, 2009: 1290 - 1296.

③ Shuguang Song et al. , *Probability Scoring and Uncertainty Modeling in Multi-Criteria Decision Analysis.* [R], Seattle: University of Washington, 2013.

④ 陈林:《走向“去行政化”后的高等学校绩效评估》,《法制与社会》2010 年第 20 期，第 202—203 页。

评价结果。REPP 的研究报告还对各类评价指标进行了归纳，将常用的40个指标分成以下 4 个大类：引文指标、结构特征指标、出版物指标以及其他非文献计量指标，并对这些指标的计算方法、局限性、应用范围、数据来源、相互关系进行了深入的研究。①

2000 年，英国学者卡茨（J. S. Katz）对学术团体的规模与评价指标的得分之间的关系进行了研究，研究表明学术团体的规模与学术影响之间存在幂函数关系，而以往的评价指标对机构规模与科研绩效的关系都没有给予考虑，基于此，卡茨设计出与学术团体规模无关的科研绩效评价指标。②

REPP 的成员巴特（L. Butler）和多诺万（C. Donovan）将定量指标分为影响力指标和质量指标，质量指标又进一步分为标准文献计量指标、非标准文献计量指标和文献计量以外的其他指标，并提出不应将社会影响、学术荣誉和研究质量 3 类指标混为一谈，而应该分别界定。③ 多诺万还总结了世界上处于领先地位的几个国家的学术研究社会效益评价指标。新西兰采用为用户开发或改进的流程、产品和服务，与用户的伙伴关系以及为用户撰写的发言、出版物和报告作为科研绩效评价指标；英国的艺术与人文研究理事会（AHRC）开发出一套基于用户的效益评价方法，并主张“学术研究的用户和提供者都应该参与到对学术研究的评价中来”；荷兰在评价学术研究的社会效益时强调学术研究对解决社会疑难问题的贡献和对社会发展的影响；澳大利亚采用的评价指标有：为政府提供咨询、与产业界的联系以及商业化应用等。④

2.2 国内研究现状

目前，关于高校科技评价的研究主要集中在学校科研立项评价、科研机构评价、科研管理评价和科研能力评价四方面，专门针对高校科技成果评价的研究还不多见。截至 2016 年 7 月 1 日，以“高校科技成果”为“篇名”，

① " Research Evaluation and Policy Project Quantitative Indicators for Research Assessment - A Literature Review", Literature Review for Arc Linkage Project: The Strategic Assessment of Research Performance Indicators, http: //www. repp. anu. edu. au/ Literature%20Review3. pdf, [2007 - 01 - 02]。

② Katz J S, " Scale-Independent Indicators and Research Evaluation", Science and Public Policy, 2000, 27 (1): 23 - 36.

③ DONOVAN C, A Review of Current Australian and International Practice in Measuring the Quality and Impact of Publicly Funded Research in the Humanities, *Arts and Social Sciences*, http: // www. repp. anu. edu. au/papers/200511 disc03 review. pdf, 2007 (1): 2.

④ Claire Donovan and Linda Butler, Testing Quantitative Indicators of the Quality and Impact of Research in the Social Sciences: A Pilot Study in Economics, [2007-01-02] Repp Discussion Paper 05/2 September 2005. http: //www. repp. anu. edu. au/papers/20050912 econ working paper. pdf.

在 CNKI 中国期刊全文数据库中进行检索（检索范围全部选定十大分类，检索项为“篇名”，其余搜索项都选择默认），共检索到 1314 篇论文，如图 1 所示。

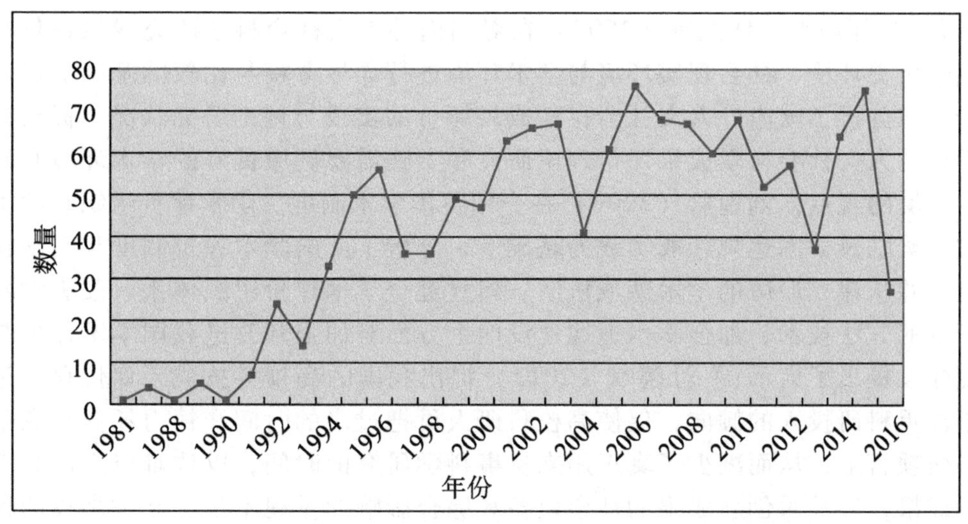

图 1 “高校科技成果”相关文献总量年度变化规律图

其中博士论文 4 篇，硕士论文 55 篇，会议论文 22 篇，期刊 1109 篇、报纸 91 篇，其他 33 篇。在 1314 篇论文中，有 857 篇是关于“高校科技成果转化”的，关于“高校科技成果评价”的论文有 67 篇。以“科技成果评价”为“篇名”，检索设置同上，在 CNKI 中国期刊全文数据库检索到论文 168 篇。此外，关于“高校科技成果评价”的研究还可散见于“高校教师科研绩效评价”“高校学术评价”等相关文献之中。

本书对相关文献经过梳理后，认为目前国内高校科技成果评价研究基本可以分为以下五个方面：

2.2.1 对国外高校科技成果评价的介绍与借鉴

顾建民（2002）分析介绍了卡内基教学促进基金会前主席博耶提出的包括发现的学术、综合的学术、应用的学术和教学的学术四种形式在内的新学术观和包括学者的品质、学术工作的标准、学术证明和过程的可靠性四条原则在内的新的学术评价体系。尤其是把教学纳入了学术形式之一，认为这对我国当前高校科技成果评价偏狭的重研轻教倾向，过于看重数量指标误导学术发展，或为求政绩任学术泡沫产生等现象具有警示意义；[①] 顾海兵（2005）通过对日本科技评价制度的历史与评价体系的考察，认为其有效的法律保障、法律开放性和透明性，以及加大对科技的投入等特点都值得我们借鉴；[②] 邱均平、任全娥（2007）在对国内外人文社会科学研究成果评价的政治历史环境、社会现实环境与学术环境进行详尽考察与比较的基础上进一步对比分析了国内外人文社会科学成果评价的实践与理论研究状况，提出科学化的人文社会科学成果评价理论研究和实践需要健康良好的学术环境和政治环境的观点；刘逸君（2009）在介绍美国学术制度、学术评价组织和学术成就奖励及学术违规惩戒实践的基础上，分析了美国学术评价制度与实践特点，并从建立严厉的学术惩戒机制、建立健全学术评价组织体系、改进学术评价的方法技术、加强学术道德建设四个方面对加强和改进我国学术评价制度建设提出了启示；[③] 杜德斌（2013）提出我国的高校科技成果评价存在过于注重科研投入的倾向，促使高校科研人员把过多的时间和精力耗费在竞争科研项目上，从而减少了真正用来从事科学研究的时间，以致难以产出高水平成果，以及对创新成果的社会效益和综合影响的重视不足，导致高校的科研活动与社会需求相脱节。在借鉴英国 REF 所遵循的基本规则和价值取向基础上，对改革和优化我国高校科技成果评价机制提出了建议。[④]

2.2.2 关于我国高校科技成果评价中存在的问题及对策研究

早在 2000 年，中科院软科学研究计划就资助过“我国基础研究评价存在的问题及对策研究”（项目编号：Z00006）项目；[⑤] 中国人民大学顾海兵教授（2004）分别对不同的评审形式进行介绍并对存在问题分析后，认为中国科技成果评审制度产生于计划经济时代，显然已不适应现在市场经济的要求，应从根本上抑制对评审的需求，直至最终取消评审，并借鉴国外先进的做法，让科技成果向市场靠拢，向专利靠拢，由市场对科技成果的质量作出评价；周克刚（2004）指出我国现行高校科技成果评价依然强调发表论文著作的数量、级别、SCI 的收录、成果鉴定的水平、获奖等级等，而在知识产

① 顾建民、董小燕：《美国高校的学术反思与学术评价》，《高等教育研究》2002 年第 2 期，第 100—104 页。

② 顾海兵、李讯：《日本科技成果评价制度及借鉴》，《上饶师范学院学报（社会科学版）》2005 年第 6 期，第 4—7 页。

③ 刘逸君：《高校学术评价制度建设研究》，华东师范大学 2008 年硕士学位论文。

④ 杜德斌：《高校科技评价应遵循四个“导向”》，《中国高等教育》2014 年第 9 期，第 25—28 页。

⑤ 谈毅、仝允桓：《中国科技评价体系的特点、模式及发展》，《科学学与科学技术管理》2004 年第 5 期，第 15—18 页。

权、成果转化及经济、社会效益方面，则无关紧要，这种做法的直接后果就是导致教师都去选择研究风险小、容易出成果的研究课题，而那些成功概率小的课题就无人问津了；[①] 金建新（2006）针对三种常用的高校科技成果评价方式即引用评价、鉴定评价和专利评价存在的弊端和问题，建议对科技论文的学术水平和价值进行综合评价，实行多元化的科技评价方式；[②] 庚光蓉、徐燕刚（2009）认为我国高校科技成果评价存在过度简单量化等问题，不符合科技发展的规律，影响了高校科技工作者的科研积极性和高校学术的建设与发展，并从评价制度、学术活动的内环境、学术活动发生的社会政治经济结构、意识形态取向、文化背景与道德状况三个层次提出了完善我国高校学术评价制度的对策建议；[③] 刘燕妮（2009）指出我国高校科技成果评价只看重成果的理论水平，忽视成果在经济社会当中的实际应用，提出鼓励延时评价、人员多元化评价和结果处理科学化三点评价策略；[④] 梅欣丽、张丽伟（2012）针对理工类科研工作具有经费需求大、科研工作周期长、知识涉及面宽等特点及我国高校理工类学科科研成果评价机制中存在的评价周期过短、评价内容狭窄、评价形式单一等弊端，提出应软化评价周期、拓展评价内容、丰富评价形式的建议。[⑤]

2.2.3　对我国高校科技成果评价指标体系的研究

科学合理的指标体系是开展高校科技成果评价的前提条件，高校科技成果评价指标体系通过对各种评价标准设置不同权重实现对高校科技工作者科研活动的引导和调节。原国家教委很早就确立了反映高校科技状况的科技统计指标体系，该指标体系共有九十多项指标，1984 年经国家统计局批准正式在高校实施；[⑥] 中国社科院 1995 年运用德尔菲法设计了一套社会科学成果评估指标体系，该指标体系在社科院内部试行后，在 1997 年通过了鉴定；唐慧君（2006）运用 AHP 法设计出了“大学人文社会科学科研评价指标体系”

---

① 周克刚、易清平：《浅议解决高校科技成果评价的困局》，《科研管理》2004 年第 25 期，第 158—160 页。

② 金建新：《对高校科技成果评价的思考与建议》，《河海大学学报（哲学社会科学版）》2006 年第 2 期，第 89—94 页。

③ 庚光蓉、徐燕刚：《我国高校学术评价制度的缺陷与改进思路》，《社会科学管理与评论》2009 年第 4 期，第 41—48 页。

④ 刘燕妮：《高校科研成果评价初探》，《中国高校科技与产业化》2009 年第 3 期，第 78—79 页。

⑤ 梅欣丽，张丽伟：《高校科研成果评价机制的弊端及对策——以理工类学科为例》，《中国高校科技》2012 年（z1）：44—45。

⑥ 朱玉：《高校科技统计和科技评价》，《天津医科大学学报》2004 年（s1）。

和“大学自然科学科研评价指标体系”；① 刘宇泰、潘光友和刘克刚（2006）利用层次分析法进行指标体系的权重分析，又采用了以模糊数学为基础设计的评价模型，对应用性科技成果进行了分析和评价，并给出了评价指标体系和评价模型在实际评价中的应用实例；② 王洪斌等（2010）通过拓展常规科技成果的范围，设计出包含教育科学、自然科学、社会科学在内的高校科研成果评估指标体系；③ 廖萍（2008）以基础研究类成果的评价为例，将高校科技成果评价指标分为内在和外在两大类。外在指标包括成果的社会影响和论文发表的级别等，内在指标包括成果的难易程度、价值以及完备程度等；④ 侯君（2008）将群组决策概念引入到高校科研绩效评价中，并在此基础上设计出一整套高校科研绩效评价指标；⑤ 赵晖（2009）主张根据基础理论研究和应用技术研究的不同特点设计出不同的评价指标体系，唯有如此，才能真正建立起我国科技成果的分类评价体系。他还认为科技成果评价指标要包含价值和水平两个方面，价值方面主要考核科技成果的转化应用情况，水平方面主要考核科技成果的创新性和科学性；⑥ 李文辉（2009）根据高校科研内涵型发展的需要，将学术论文类、学术著作类、授权专利成果类、科技鉴定成果类、社科立项成果鉴定类、科技应用成果类、软科学成果类、获奖成果类、科研项目类9种科研成果纳入评价指标体系；⑦ 钱梦星（2015）从科技成果生命周期角度，构建了包含立项阶段、实施阶段、验收阶段、应用阶段在内的医科大学科技成果评价指标体系。⑧

2.2.4 对高校科技成果评价方法的研究

对高校科技成果评价方法的研究始于20世纪80年代，邱均平、罗式胜和王崇德等学者率先在国内引进了文献计量评价方法，开创了国内文献计量

① 唐慧君：《大学科研评级体系及应用研究》，湖南大学2006年硕士学位论文。

② 刘宇泰、潘光友、刘克刚：《应用性科研成果综合评价的模糊数学方法研究》，《昆明理工大学学报（自然科学版）》2006年第6期，第101—106页。

③ 王洪斌、鲁婉玉：《我国高校科研成果评估的现状及发展趋势》，《评价与管理》2010年第3期，第31—36页。

④ 廖萍：《高校社会科学成果评价指标体系研究》，《科技管理研究》2008年第5期，第169—170页。

⑤ 侯君：《高校科研绩效评价方法的研究与系统设计》，南京理工大学2008年硕士学位论文。

⑥ 赵晖：《科技成果评价及指标体系研究》，天津大学2009年硕士学位论文。

⑦ 李文辉：《创新体系下高校内涵科研成果评价指标研究》，《科技成果纵横》2009年第4期，第36—37页。

⑧ 钱梦星、徐正梅、孙亚林、孙嫄、程传苗：《研究型医科大学应用技术类科技成果评价指标体系构建》，《解放军医院管理杂志》2015年第6期，第584—586页。

评价方法研究的先河，随后，该方法在高校科技成果评价中获得广泛的应用；[①] 赵婷婷（2008）对国内外常用的文献计量工具进行了介绍和评价，并就各文献计量工具产生的数据指标进行了系统介绍和比较分析；[②] 黄宝晟（2008）分析了运用文献计量法进行科研评价时存在的问题及解决途径；[③] 俞青（2010）通过对国外两大文献计量工具 SCI 和 Scopus 的比较，探讨了如何通过文献计量进行科研评价；[④] 沈小玲、徐勇、严卫中（2013）基于引文评价与同行评审方法相结合进行论文评价的思路，探讨了与同行评价相关联的网络计量指标，并将其替代同行评价纳入学术影响力综合评价模型。[⑤]

1982 年，萨迪（T. L. Saaty）教授的学生格雷姆扎德（H. Gholamnezhaed）将层次分析法（AHP）介绍到中国，引发了国内学者研究综合评价方法的巨大热情；同年，华中理工大学的邓聚龙教授提出了灰色系统理论，并以此为基础创立了灰色关联度分析法（Grey Relational Analysis，GRA）[⑥]；1990 年国家自然科学基金委设立了“基础学科发展预测和评价系统综合研究”重大科研项目；[⑦] 刘文田、丁浩（1994）用模糊数学与灰色关联度分析法相结合的方法对科技成果进行评价，克服了模糊综合评判方法的不足，提高了科技成果评价的准确性与合理性；[⑧] 林强、周勇（1995）认为在科技成果评价中当少数专家与多数专家意见不一致的时候，加权平均法容易导致评价结果偏离的问题，为解决这个难题，他们设计出了加权平均原则与最大隶属原则相结合的科技成果评价方法；[⑨] 冯学军、邹杰涛（1999）在综合使用层次分析法、模糊综合评价和模糊值测评法的基础上，构建了科技成果评价

---

① 周晓蕴：《我国软科学研究成果的评价体系研究》，河南科技大学 2006 年硕士学位论文。

② 赵婷婷：《科学研究成果评价与文献计量工具研究》，《科技创新导报》2008 年第 5 期，第 175 页。

③ 黄宝晟：《文献计量法在基础研究评价中的问题分析》，《研究与发展管理》2008 年第 6 期，第 108—111 页。

④ 俞青：《科研评价中基于文献计量分析的应用初探》，《图书馆理论与实践》2010 年第 11 期，第 50—53 页。

⑤ 沈小玲、徐勇、严卫中：《基于网络文献计量的科技论文学术影响力综合评价研究》，《图书情报工作》2013 年第 21 期，第 95—103 页。

⑥ 邓聚龙：《社会经济灰色系统的理论与方法》，《中国社会科学》1984 年第 6 期，第 47—60 页。

⑦ 叶良均：《中国科研评价现状分析与对策探索》，中国科学技术大学 2003 年硕士学位论文。

⑧ 刘文田、丁浩：《科技成果综合评价方法研究》，《中国石油大学学报（自然科学版）》1994 年第 6 期，第 122—125 页。

⑨ 林强、周勇：《科技成果定量评价方法研究》，《山东科技大学学报（自然科学版）》1995 年第 1 期，第 35—41 页。

的 A－FA 模型，较好地解决了软指标评价问题；[1] 俞校明、张维全（2000）基于模糊理论和层次分析理论，构建了科技成果评价的模型并进行了分析计算；[2] 张连革（2001）探讨了科技成果的价值分析及评价方法；[3] 杨文举（2011）将广泛应用在生产率分析中的 Malmquist TFP 指数应用到高校科研绩效评价中，他认为利用 Malmquist TFP 指数可以将全要素生产率分解为技术进步与技术效率，从而可以有效地对高校科研生产绩效进行评价，并以数据包络分析法为基础，运用面板数据来确定高校科研活动的生产前沿；[4] 龙海明、梁静雅、龙寒英（2014）从高校科研投入和产出这两个角度出发，构建了高校科研成果绩效评价指标体系，并对我国高校单学科以及整体的科技成果绩效进行了评价；[5] 陈慧敏（2015）从创新效益、创新贡献度和知识创新程度三个方面设计出高校科技成果质量评价指标体系，并构建了基于发展双控线的动态评价模型，对若干时间节点的静态离散数据进行了集结和动态综合评价。[6]

2.2.5 对高校人文社会科学研究成果评价的研究

长期以来，我国一直套用自然科学成果评价方法对高校人文社会科学研究成果进行评价，存在高校科技成果评价领域出现不公平的风险。高校人文社会科学研究成果具有与自然科学完全不同的内在特殊性和多样性。在人文社会科学研究成果评价指标研究方面，比较有影响的是中国社会科学院卜卫于 1995 年主持完成的社科院重点项目“社会科学成果评估指标体系”，这个评价体系只以论著本身作为评价对象，不考虑其他外在因素，即不以课题来源评价成果高低，不考虑媒体的报道和评价，不承认所谓的“核心期刊”，不以评奖论英雄，暂时不以学术同行的引用率作为衡量标准。此评估体系因

① 冯学军、邹杰涛：《A－AF 模型在科研成果评价中的应用》，《长春理工大学学报（自然科学版）》1999 年第 1 期，第 58—61 页。

② 俞校明、张维全：《科研成果评价的模糊综合评价法》，《甘肃科学学报》2000 年第 2 期，第 85—88 页。

③ 张连革：《科技成果价值分析及评价方法》，《科技进步与对策》2001 年第 5 期，第 119—120 页。

④ 杨文举：《基于 Malmquist TFP 指数的中国高校科研生产绩效评价》，《高教发展与评估》2011 年第 3 期，第 47—55 页。

⑤ 龙海明、梁静雅、龙寒英：《我国高校科研成果绩效综合评价模型研究》，《学术探索》2014 年第 12 期，第 132—136 页。

⑥ 陈慧敏：《基于发展双控线的中国高校科研成果质量区域动态评价》，《福州大学学报（哲学社会科学版）》2015 年第 5 期，第 41—48 页。

此也被有的学者称为“五不评估体系”[①]；陈淳、黄宏、杨国秀（2006）分析了量化评价和同行评议这两种最常用的高校人文社会科学研究成果评价方法存在的问题，根据人文社会科学研究成果与自然科学相比具有研究成果的相对性、社会价值的间接性、社会效益的滞后性等特点，提出在人文社会科学研究成果评价过程中实行异地评审、完善监督机制以及结合使用不同评价方法的对策；[②] 卢花（2009）针对高校人文社会科学研究成果评价中存在的评价指标过于简单量化以及评价过程不规范等问题，提出完善高校人文社会科学研究成果评价指标体系、实行代表作制度、提高成果转化重要性考量以及实现科研成果评价从“量”向“质”的转变的建议；[③] 李倩（2012）在研究了我国高校人文社会科学成果评价现状的基础上认为，我国高校社会科学研究成果评价存在方法过于简单量化、评价主体错位以及行政化倾向严重等问题，在分析这些问题产生的原因后，提出了建立多元化评价标准、规范评价程序、延长评价周期、实行代表作制、加强高校学术委员会制度建设以及构建第三方评价机构的对策建议；[④] 谭春辉（2013）针对我国高校人文社会科学研究成果监督存在的不足，提出构建包含“三个层次，两个系统”的高校人文社会科学研究成果评价监督体系，“三个层次”即高校自己的内部监督、与高校有直接利益关系的外部监督、与高校无直接利益关系的社会监督，“两个系统”：包括内部监督系统和外部监督系统；[⑤] 任全娥（2013）运用文献计量学方法对我国2000—2009年近10年的人文社会科学成果评价研究进行了统计分析，通过对时间、作者、发文机构、期刊、关键词等各种分布情况、学术影响力和研究热点的分析，完成了对我国人文社会科学成果评价研究现状的宏观描述，可以说是文献计量学方法在社会科学成果评价研究领域一次十分出色的应用。[⑥]

---

① 卜卫、周海宏、刘晓红：《社会科学成果价值评估》，社会科学文献出版社1999年版，第1—295页。

② 陈淳、黄宏、杨国秀：《高校人文社会科学研究成果评价体系的困境与建议》，《科技管理研究》2006年第10期，第198—199页。

③ 卢花：《高校人文社会科学研究成果评价体系研究》，《技术与创新管理》2009年第5期，第570—572页。

④ 李倩：《高校社会科学成果评价的问题与对策研究》，四川师范大学2012年硕士学位论文。

⑤ 谭春辉：《高校人文社会科学研究成果评价监督优化研究》，《情报资料工作》2013年第3期，第48—52页。

⑥ 任全娥：《国内人文社会科学成果评价研究文献计量分析》，《社会科学管理与评论》2013年第3期，第21—32页。

2.3 文献述评

综合分析以上国内外学者在高校科技成果评价方面的研究现状，可以说经过多年的积累和完善，高校科技成果评价研究不论是在理论基础、实践应用，还是在评价方法的研发、评价指标的设计上都取得了丰富的研究成果。尽管如此，本书认为目前我国的高校科技成果评价研究仍然存在一些不足，需要做进一步的探讨：

首先，高校科技成果评价的理论研究滞后于实践发展。近年来，虽然高校科技成果评价活动和研究如火如荼地开展了起来，但仔细考察我国高校科技成果评价研究的实际，可以看到普遍存在着注重实践应用、忽视理论研究的现象。即使在现有的理论研究中，也多以实用为宗旨，更多地集中在高校科技成果评价指标、评价方法和工具的研究上，而对评价机制、评价体系构建等基础理论研究较少，致使我国高校科技成果评价研究出现了实践超前、理论滞后的局面。在实际的评价活动中，由于没有系统、科学、完善的评价理论作支撑，评价研究成果遭到了来自多方面的质疑。在今后的研究中应加强理论研究，以指导高校科技成果评价活动有效和健康进行。

其次，目前国内关于高校科技成果评价的研究多是针对现实的批判和提出应对之策，缺少理论层面的分析和指导，例如针对高校科技成果评价中的学术造假问题，已有的研究虽然都提出了严厉处罚的主张，但却普遍缺少对隐藏在学术造假问题背后的内在机制的研究。

本书开展的高校科技成果评价中的信息不对称问题研究，力图从信息不对称即信号传递和信息甄别的角度进行剖析，为改进和完善高校科技成果评价制度提供理论上的依据，而不是仅仅停留在简单的批判和对策建议上。

3. 研究方法与研究思路

3.1 研究方法

本研究采取文献研究法、调查研究法、定性分析法与定量分析法等多种方法，围绕高校科技成果评价中的信息不对称问题这一核心，将信息经济学中的信息不对称理论运用到高校科技成果评价的分析中。

3.1.1 文献研究法

文献研究法是在搜集、阅读和整理文献资料的基础上，经过对文献资料的综合研究形成对研究对象正确认识的研究方法，本研究通过使用多种文献信息搜集检索途径和方法，对我国高校科技成果评价的现状和问题进行了研究，并在此基础上提出了高校科技成果评价中信息不对称问题的研究主题。

3.1.2 调查研究法

调查研究法是通过访谈、问卷等方法来获取研究对象的客观情况，并在此基础上开展分析研究的一种方法。本研究所涉及的诸多问题都是现实问题，只有通过实地调研获得准确的资料才能为下一步的研究打下坚实的基础。例如，在研究我国高校科技成果评价的现状和存在的问题时，作者走访了很多高校的科技工作者，获得了很多鲜活宝贵的第一手资料，为后来的研究奠定了坚实的基础。本书设计了《我国高校科技成果评价调查问卷》，问卷分为两个部分，第一部分主要收集受访者的基本信息，例如所属高校的层次、学科和专业类别等信息；第二部分主要针对我国高校科技成果评价现状、存在的问题及其原因。本次问卷调查采用腾讯公司的专业在线问卷调查平台进行，共回收问卷723份。

3.1.3 定性分析法

定性分析法是研究者依托丰富的实践经验对研究对象的发展规律和趋势即“质”的方面，进行主观分析判断的非数量分析法，该方法特别适用于数据和资料相对缺乏的研究领域。本书用定性分析法对我国高校科技成果评价中信息不对称问题的表现和成因等问题进行了分析。

3.1.4 定量分析法

定量分析法是对研究对象的规模、速度、范围、程度等数量特征和关系及其数量变化情况进行分析的一种方法。本书运用层次分析法、熵值分析法对如何使高校科技成果评价中的主观信息客观化问题进行定量分析，运用博弈论和信息经济学中的委托代理模型对我国高校科技成果评价中的学术造假问题和权力寻租问题进行了定量分析。

3.2 研究思路

本书从我国高校科技成果中存在的问题、现状入手，以我国高校科技成果评价中的信息不对称问题为研究对象，在系统研究新中国成立以来的高校科技成果评价历史沿革、高校科技成果评价的形式、高校科技成果评价的类型和特征的基础上，融合了高校科技成果评价与信息论中的信息传递模型以及信息经济学中的信息不对称理论（以委托代理关系作为分析框架），以代理人与委托人之间的高校科技成果评价信号传递过程作为分析我国高校科技成果评价中信息不对称问题的主线，以“我国高校科技成果评价领域的不良现象——提出我国高校科技成果评价中的信息不对称问题——信息不对称问题产生的成因分析——信息不对称问题导致的后果分析——提出对策建议”

的逻辑顺序展开讨论，如图2所示。

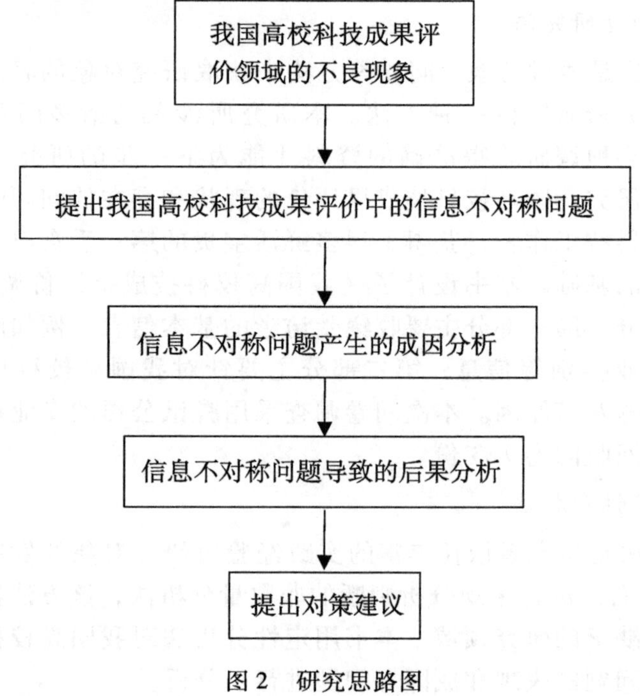

图2　研究思路图

4. 创新点

本书以信息不对称理论为研究主线，将高校科技成果评价看做一种信息传递过程，对我国高校科技成果评价中存在的信息不对称问题进行了系统研究，可能的创新点包括：

4.1　提出“主、客观信息”“高、低阶信息”的概念

本研究将信息经济学中的信息不对称理论和信息论中信息传递模型引入到高校科技成果评价分析中，从信息传递的角度看，信息是从信源出发，经过信道传递给信宿，信宿对接收到的信息进行判断。高校科技成果评价正是这样一个信息传递过程，即被评价者向评价者发出信号以及评价者对被评价者所发出信号进行信息甄别的过程，而被评价者和评价者之间存在的信息不对称是导致各种问题产生的根源。本研究首次提出“主观信息”“客观信息”和“低阶信息”“高阶信息”的概念。主观信息是从接受者角度来看，信息的价值随接受者的不同而不同，客观信息从信源角度看，对任何接受者

都相同。根据信息处理的层次可以将信息分为“低阶信息”与“高阶信息”，信息每经过一次加工处理都会产生一次信息衰减和信息失真。“主观信息”和“客观信息”、“高阶信息”和“低阶信息”这两对概念的提出，为研究我国高校科技成果评价中存在的信息不对称问题提供了坚实的理论基础和有效的分析工具。

4.2 提出非学术因素导致的信息差是学术造假源动力的观点

本研究运用委托代理理论及成本收益分析法对信息不对称引发的我国高校科技成果评价中的学术造假问题进行了动力学分析，并将高校科技工作者从事科研活动的心理收益以及学术造假时的心理成本纳入到分析框架中。动力学分析关注动力和阻力，高校科技成果评价中的动力就是利益，阻力就是成本，不论对委托人还是代理人来说，只有动力大于阻力即利益大于成本，行为才能继续下去。通过信息差或者信息不对称获取的利益就是学术造假的源动力。评价者的信息甄别成本和被评价者的信号传递成本都是高校科技成果评价中的阻力。在高校科技成果评价中，委托人和代理人之间客观信息差越大，信息不对称越严重，学术造假就越有利可图。通过对论文和科技产品这两种不同类型科技成果的成本收益分析得出结论：在信息不对称条件下，非学术因素导致的信息差是学术造假产生的源动力，去非学术因素干预后，撰写假论文将变得无利可图，因此可以有效杜绝学术造假问题的发生。

4.3 提出按“科学课题”和“技术课题”来重新划分课题类型的对策建议

通过比较市场和行政主导两种条件下高校科技工作者的最优努力水平曲线会发现，由于政府的收益曲线要比市场条件下普通委托人的收益曲线平缓，而高校科技工作者的成本曲线在开始阶段比较平缓，随着努力程度的增加，会越来越陡峭，导致行政主导下的高校科技工作者的激励相容约束值要比市场条件下低很多，说明市场条件下高校科技工作者的努力程度会比行政干预条件下高得多，即市场机制的激励效果要比行政管理体制的激励效果好。因为市场的需求方是高校科技成果的实际使用者，他们对高校科技成果的实际情况及其能不能解决生产实践中的问题最了解，也就是说，由市场的需求方对高校科技成果进行评价产生的信息不对称问题最小。

因此，本书提出取消当前“纵向课题”与“横向课题”划分模式的主张，按照“科学课题”和“技术课题”来重新划分课题类型。把原来“横向课题”的全部和“纵向课题”中的技术开发与应用部分统一定义为“技术课题”，把原来“纵向课题”中的基础理论研究部分定义为“科学课题”，同时将“技术课题”成果交给市场去评价，行政主导的高校科技成果评价体制的评价范围只保留“科学课题”成果，从而最大限度地把市场引入到高校科技成果评价中去，以达到克服信息不对称问题的目的。

第一章 高校科技成果评价中信息不对称问题研究的理论基础

1. 核心概念界定

1.1 科技成果

科技成果，也称科研成果，泛指科技活动中取得的有价值的结果和成就。“科技成果”目前已成为国内科技管理方面的专用术语，国际上通用的与“科技成果”相对应的概念只有项目、技术、专利，国外一般都是使用项目本身的具体称呼，不使用“成果”这一层次的统称。①

国内学术界关于科技成果的定义，具有代表性的主要有以下几种：

一是“科技成果是指针对某一科学技术研究课题，通过一系列的试验研究、调查考察取得的具有一定实用价值或学术意义的结果，其中包括研究课题虽未全部结束，但已取得了可以独立应用或具有了一定学术意义的阶段性成果”。这是原国家科委于1984年2月在《关于科学技术研究成果管理的规定》中对“科技成果”做出的目前可以查到的最早的具有法律效力的表述②。

二是《现代科技管理词典》（1986）对科技成果的定义是：“科研人员在他们从事的某一科学技术研究项目或者课题研究范围内，通过实验观察、调查研究、综合分析等一系列脑力、体力劳动所取得的，并经过评审或鉴定，确认具有学术意义和使用价值的创造性结果。”③

三是中科院于1986年在《中国科学院科学技术研究成果管理办法》中对科技成果的定义是：某一科学技术研究课题，通过观察试验和辩证思维活动取得的，并经过鉴定具有一定学术意义或实用意义的结果。④

---

① 刘德刚、牛芳、唐五湘：《“科技成果”一词的起源、演变及重新界定》，《北京信息科技大学学报（自然科学版）》2004年第2期，第38—44页。

② 何浩、钱旭潮：《科技成果及其分类探讨》，《科技与经济》2007年第6期，第14—17页。

③ 贺德方：《对科技成果及科技成果转化若干基本概念的辨析与思考》，《中国软科学》2011年第11期，第1—7页。

④ 《中国科学院科学技术研究成果管理办法》，《中国科学院院刊》1986年，第3期，第283—285页。

四是科技部颁布的《科技成果评价试点暂行办法》(2010)中规定:科技成果是指由组织或个人完成的各类科学技术项目所产生的具有一定学术价值或应用价值,具备科学性、创造性、先进性等属性的新发现、新理论、新方法、新技术、新产品、新品种和新工艺等。

综上所述,本书认为科技成果是由组织整体或科技工作者个体通过科学研究活动取得的,经过市场或同行评议认定具备科学性、创造性、先进性等属性,具有一定实用价值或学术价值的创造性智力劳动的成果。它应该包含以下四个特征:首先是通过科技工作者的科学研究活动取得的;其次要具备先进性和创新性;再次要具有实用价值或者是学术价值;最后科技成果具有的这种实用价值或学术价值要经过一定形式的确认,这种确认形式可以是市场也可以是某种同行评议。①

科技成果分类是对科技成果概念外延的进一步明晰。联合国教科文组织将科学研究分为基础研究、应用研究和开发研究三类,相应的科技成果亦分为基础研究成果、应用研究成果和开发研究成果。②

我国不同时期的法律法规给出了不同的科技成果分类方式。《国家科委关于科学技术研究成果的管理办法》(1978)将科技成果分为科学成果、技术成果、重大科学技术项目研究阶段性成果三类。《国家科委关于科学技术研究成果管理的规定(试行)》(1984)把科技成果的分类拓展为:科学理论成果、应用技术成果、消化吸收引进技术取得的科技成果、科技成果应用推广中取得的新的科技成果以及在重大科学技术研究中取得的具有一定应用价值或学术意义的阶段性科技成果,《中华人民共和国国家科学技术委员会科学技术成果鉴定办法》(1987)又把软科学研究成果列为与科学理论成果和应用技术研究成果并列的一类成果,这一对科技成果的分类方法此后一直被沿用,成为我国科技成果统计工作的标准分类方法。③

基础理论研究成果主要是指在基础研究领域为阐明自然现象、特征和规律而发表或出版的基础理论类的论文、学术专著等;应用技术研究成果是指能够解决实际生产实践中出现的问题或者是能够大大提高劳动生产率的技术成果;软科学研究成果是指为解决管理实践中出现的各种复杂的政治社会问题,提高决策的科学化和民主化水平,综合运用系统科学、决策科学、工程技术等多种知识研究各种社会环节之间内在规律所取得的研究成果,主要包

---

① 成玉飞:《我国高校科技成果转化过程及评价研究》,河北工业大学 2008 年硕士学位论文。

② 杨安仙:《联合国教科文组织关于科学技术活动的分类与定义》,《科学学与科学技术管理》1982 年第 5 期,第 16—17 页。

③ 梁秀英、罗虹:《标准化科技成果的分类研究》,《标准科学》2009 年第 8 期,第 4—7 页。

括软科学研究报告、咨询意见、政策备选方案、论文和著作等。

1.2　高校科技成果

高校一般指高等学校，是大学、专门学院、高等职业技术学院、高等专科学校的统称，泛指对公民进行高等教育的学校，包括普通高等学校和成人高等学校。

一方面，高校是全社会科研系统的一部分，因此高校科技成果也是全社会科技成果的重要组成部分。它既符合普通科技成果的全部内在规定性，又拥有其他科技成果所不具备的特殊性，这种特殊性来源于高校科研活动与教学活动之间独有的互动性，这是高校科研活动与其他科研机构科研活动不同的地方。高校科研活动是教学活动的构成要素和教学过程的延伸，其首要任务是为人才培养和教学服务，用科研活动获得的新理论、新思想和新技术改造和更新传统的课程、专业与教学内容，提升教学水平，为人才培养提供接触科研训练的机会；另一方面，人才培养也会为科研活动培养和准备大量优秀的后备人才。人才培养与科学研究这种相互促进的关系体现在高校教学科研直接或间接融合的方方面面。①

自从洪堡大学首次将科学研究引入大学，主张大学应兼具人才培养和科学研究这两种功能后，大学的科研职能得到了越来越多的发展和重视，② 但这些都改变不了大学首先是一个教育机构的事实，即人才培养始终是大学最初始、最基本的功能，也是高校与其他科研机构最根本的区别所在。高校教师除了要进行科研活动以外，一般都要承担一定的教学任务，而且高校教师从事科研活动的动机也在于提高所传授知识的科技含量，对高校来说，根本不可能抛开教学来谈科研，所以以提高教学质量为目的的教学研究成果理应成为高校科技成果的一部分。

高校科技成果从不同的视野解读会产生不同的理解。在宏观上看，高校科技成果是高等学校在国家有关科技政策的支持下，经过高校教师和科技管理人员共同努力，利用国家和社会资金，在教学、科研工作中或专项研究任务中进行科学研究、试验发展所完成的对自然世界和人类社会发展过程具有学术价值和实用意义的，并达到社会认可或通过实践检验能为社会带来收益或潜在收益的发明专利、发表的论文、专著、决策咨询报告等成果。

从微观层面来讲，高校科技成果是指高校教师借助于科学技术知识、

---

① 白利娟：《陕西高校科技成果产业化影响因素分析》，西北工业大学 2007 年硕士学位论文。

② 任彦民：《新视野下的洪堡大学理念及现实意义》，《菏泽学院学报》2010 年第 1 期，第 117—120 页。

信息和经验创造出来的具有应用或学术价值的智力劳动成果，通常以著作、论文、获奖、专利、报告等方式体现，具有多样性、复杂性和创造性的特点。

关于高校科技成果的分类，绝大多数学者认为高校科技成果的分类应该与科技成果的分类相同，即分为基础理论研究成果、应用技术研究成果和软科学研究成果。有个别学者主张人文社会科学研究成果不应算作高校科技成果，也有个别学者认为高校科技成果还应该包括人才培养的质量和数量。综上所述，本书倾向于对高校科技成果做相对广义上的理解，即不仅包括基础研究理论成果、应用技术研究成果、软科学研究成果，也包括人文社会科学研究成果，还包括教学研究成果，例如发表的教研论文，指导学生竞赛取得的成果和奖励，课程建设、专业建设和教材建设成果等。鉴于人们在头脑中已经形成了人才培养是大学独立于科研活动的基本职能这样一种根深蒂固的看法，本书暂不把人才培养的质量和数量纳入高校科技成果的范围。

1.3 高校科技成果评价

《新牛津英语词典》对评价的定义是“形成对评价对象的数或量或价值的认识”；《朗曼当代英语词典》的定义是“计算评价对象的价值或程度”。

美国教育心理学家布鲁姆（B. S. Bloom）认为：“评价就是对一定的观点、方法和材料等做出的价值判断的过程。它是一个运用标准对事物的准确性、实效性、经济性以及满意度等方面进行评估的过程。”①

美国教育家斯塔费尔比姆（L. D. Stufflebeam）在 1967 年提出评价是“一种划定、获取和提供叙述性和判断性信息的过程，是为决策提供有用信息的过程”②。

美国当代著名教育家格朗兰德（N. E. Gronlund）1971 年提出评价是在质或量的描述的基础上进行的价值判断活动。对事物进行质或量的记述属于“事实判断”，事实判断的基本要求是客观性。“价值判断”是评价主体在“事实判断”的基础上，根据评价对象对其需要的满足程度做出的判断。价值判断并非由评价客体单方面决定，而是由评价客体对评价者需要的满足程度决定，不同的评价主体由于其需要和目的不同，对相同的评价客体会有不

---

① 郑益青：《英语教学中运用形成性评价的策略》，《海外英语》2011 年第 5 期，第 79—80 页。

② 吴平、曾德军：《研究型大学本科教学评估指标体系的构想》，《中国大学教学》2010 年第 5 期，第 7 页。

同的判断。①

20 世纪 80 年代以古巴（Egong Guba）和林肯（Y. S. Lincoln）为代表的第四代教育评价观认为评价所描述的并不是评价对象客观真实的状态，而是评价主体对评价对象赋予价值的过程，是评价主体对评价对象的一种主观性的认识，其本质上是一种心理建构过程，因此，应在评价过程中听取各方面不同的意见。②

中国科学院科技评价研究组认为：评价是依据决策者、资助者和其他利益群体的需求，确定价值标准，采用科学的方法收集与处理相关信息，评判价值实现程度的过程。评价的基本要素包括：评价目的、评价对象、评价内容、评价方法、评价时期、评价结果的表达与应用等。

综上所述，本书认为评价是评价主体根据其收集到的或者是评价对象主动发送出来的关于评价对象某种特征的各种相关信息，运用一定的评价方法和评价标准，对这些信息进行分析和整理，从而在主观上形成评价对象对其需要满足程度的认识的过程。

从分类上来说，科技成果评价隶属于科技评价这一更高层次的概念范畴，根据科技部 2003 年颁布的《科学技术评价办法》，科技评价是指受托方根据委托方明确的目的，按照规定的原则、程序和标准，运用科学、可行的方法对科学技术活动以及与科学技术活动相关的事项所进行的论证、评审、评议、评估、验收等活动。其意义在于，可以为下一阶段的科技决策和管理工作提供依据。③

按评价对象的不同，科技评价又可以进一步细分为科技机构、人员、项目、成果、政策和计划的评价等诸多方面，其中，科技成果评价也被称为原子评价，在科技评价体系中占有特殊地位，因为科技成果是评价人才、机构的基础，对科技计划、项目、人才、机构等进行评价的关键仍然要依赖成果评价来做出结论。所以，也有学者把科研项目的验收、成果鉴定、成果奖励作为科技成果评价的直接表现形式，而把科技工作者的职称评定、各种人才工程的评选作为科技成果评价的间接表现形式。

科技部 2010 年制定的《科技成果评价试点暂行办法》中规定，科技成果评价是指按照委托者的要求，由评价机构聘请同行专家，坚持实事求是、

① 耿迪：《高校科技创新能力评价研究》，武汉理工大学 2013 年博士学位论文。

② 王琰春：《西方教育评价观的演进及对我国的启示》，《研究生教育研究》2003 年第 1 期，第 74—78 页。

③ 肖尤丹：《改革科技奖励亟需回归制度常识》，《科学与社会》2015 年第 4 期，第 24—30 页。

科学民主、客观公正、注重质量、讲求实效的原则，依照规定的程序和标准，对被评价科技成果进行审查与辨别，对其科学性、创造性、先进性、可行性和应用前景等进行评价，并做出相应结论。①

科技成果评价可以采用多种方式，包括项目结题验收评审、科技成果鉴定、科技奖励、评估和学术委员会评审等多种方式，现有的已得到普遍承认的科技成果评价方式是科技奖励和科技成果鉴定，下一步科技评估会逐渐成为主流的科技成果评价方式。②

高校科技成果评价是高校科技成果评价的主体按照一定的价值取向和标准，运用科学的评价方法，对高校科技成果的科学性、创新性、科学价值和应用前景进行的评价。

高校科技成果评价的功能可以概括为三个方面：一是判断高校科技成果的学术水平和实用价值；二是通过对高校科技成果学术水平和实用价值的判断，确定完成成果的高校科技工作者对社会的贡献，从而激发广大高校科技工作者的科研积极性；三是为下一阶段的科技管理工作提供有力依据，促进科技资源的优化配置，提高科技管理水平。

2. 主要理论支撑

2.1 信息不对称理论

2.1.1 信息不对称理论的核心思想

信息不对称理论发源于对传统经济学“完全信息假设”的质疑，传统的经济学理论通常假设市场交易双方都具有完全的信息，20 世纪 60 年代，赫伯特·西蒙率先对充分信息假设提出了质疑。1970 年，乔治·阿克洛夫的《“柠檬”市场：质量不确定性和市场机制》发表，标志着信息不对称问题开始进入系统研究阶段。随后，迈克尔·斯彭斯、威廉·维克里、詹姆斯·莫里斯、斯蒂格利茨等也很快在信息不对称领域取得研究成果，渐渐形成了信息形式、委托代理、激励设计、逆向选择、败德行为等信息不对称的分析模型，并相互融合发展，到20 世纪末发展成为一门新兴的经济学科——信息经济学。可以说，信息不对称理论是在弥补传统经济学理论漏洞的基础上

---

① 陈洪梅、陆娜：《新形势下科技成果评价机构服务机制探索》，《科技管理研究》2011 年第 7 期，第 39—41 页。

② 瞿丽曼：《基于情报分析法的科技成果评价研究》，《情报杂志》2009 年第 8 期，第 84—87 页。

推动了现代经济学理论的新发展。

相对于传统经济学中的“完全信息”假设，信息不对称理论认为“完全信息”只是一种理论上的完美状态，在实际经济生活中是不存在的。相反，现实环境中的经济参与者拥有的信息都是不完全的，并且这些信息在不同参与者之间的分布也是不均衡的，有的参与者要比其他参与者掌握的信息多一些，这就是所谓的信息不对称性。[①] 由“逆向选择”和“道德风险”造成的市场失灵问题就是信息不对称导致的最直接的后果。一方面，为了克服信息不对称对市场运行效率的影响，拥有信息较多的市场参与者会想方设法向拥有信息较少的市场参与者“传递信号”，以证明自己的品质；另一方面，拥有信息较少的市场参与者也会对拥有信息较多的市场参与者传递过来的信号进行“信息甄别”，这两个过程都要耗费参与者一定的成本，同时也能在一定程度上克服信息不对称带来的市场失灵问题。

（1）私有信息与信息不对称

信息经济学将信息分为私有信息和公共信息。私有信息是某一方知道而对方不知道的信息，公共信息就是大家都知道的信息。例如下棋的规则，甲乙双方都知道，这就是公共信息或公共知识，但甲乙双方的个人能力、当时状态、选用策略就是私有信息。

公共信息是为每个博弈方都了解，一般表现为法律、制度、章程、契约，等形式。法律一般由政府以强制形式颁布，约束力最强。制度如财政制度、税收制度等由上级主管部门颁布，强制性不像法律那样强。章程一般是部门内部的约束形式，对某部门某单位的章程可能不适用另一个单位。契约是个体之间达成的约束形式，契约的约束性最弱。法律、制度、章程、契约，本书不做区分统称为制度。但如果制度不被博弈某一方所了解，这样的信息就不是公共信息，就变成了博弈的某一方所了解的私有信息。

私有信息常常使人处于优势状态，掌握私有信息的人利用自己的信息优势往往可以从中牟利，但私有信息有时也会带来不好的结果。因此私有信息是好是坏，要根据条件环境来决定。从整个社会来说，私有信息的存在提高了信息的搜寻成本，因而政府的一个重要职责是降低全社会的信息搜集成本，提高运行效率。

以签订合同的时间为分界点，还可以把私有信息进一步细分为隐蔽特征的私有信息和隐蔽行为的私有信息。隐蔽特征的私有信息是指在合同签订前就已经存在的私有信息，这种私有信息是一种状态变量，是对现在和过去信

① 吴婷荣、吴晓荣：《信息不对称与绩效评价有效性探讨》，《人力资源管理》2011 年第 2 期，第 60—62 页。

息的描述。如一辆车的使用情况、一个雇员的工作能力和履历信息等。隐蔽行为的私有信息是指在合同签订后，一方市场参与者很难被另一方参与者观察和了解的行为信息，如签订合同之后，对方是否能够履行合同、是否偷工减料等。隐蔽特征强调过去，而隐蔽行为是针对未来无法观察到的情况。如果要达到信息对称，必须消耗信号传递和信息甄别成本，委托人承担的是信息甄别成本，代理人则承担的是信号传递成本。

私有信息的存在导致了信息不对称（information asymmetry）。信息不对称这一现象早在 20 世纪 70 年代便受到美国经济学家乔治·阿卡洛夫（G. Akerlof）、迈克尔·斯彭斯（M. Spence）和约瑟夫·斯蒂格利茨（J. E. Stigliz）不约而同地注意，阿卡洛夫研究了商品市场中柠檬市场的逆向选择问题，斯彭斯研究了劳动力市场的信号传递与信息甄别问题，斯蒂格利茨研究了金融市场的逆向选择和道德风险问题，他们的研究成果成为信息不对称理论研究领域的经典。

（2）逆向选择与道德风险

在委托代理框架下，“逆向选择”与“道德风险”是信息不对称导致市场失灵的两种典型形式。

“逆向选择”（adverse selection）是指市场上买卖双方对商品质量这一私有信息掌握程度不同，导致被选择出来的都是品质低的商品，而品质高的商品则被迫退出市场的现象。乔治·阿卡洛夫是研究这一问题最早的学者，他的具有里程碑意义的论文《“柠檬”市场：质量不确定性和市场机制》，首次提出了“信息市场”的概念。

在阿卡洛夫的论证中，逆向选择问题来自买者和卖者有关车的质量信息不对称。卖方在签订二手车的销售合同前，对车况的信息掌握得比买方更多，事前的信息不对称出现了。两辆同款、同年份、相似公里数的车可能外观可识别的差异基本相同，但是其实由于使用习惯的不同，实际车况差异很大。

假设在二手车市场中，车的质量均匀分布，最破的车是 1 元，最好的车是 1000 元，共有 1000 辆车，由于二手车市场存在信息不对称，所以买主只愿意以市场均价 500 元来支付，对于那些质量低于 500 元的“柠檬”们，它们还有很大的利润空间，可是对于那些质量高于 500 元的上等旧车就会慢慢退出市场。接下来的演绎是，由于质量高于 500 元的上等旧车退出市场，买者会继续降低估价，在剩余的 500 辆车中，买家知道这些车的平均质量是 250 元，因此只愿意出 250 元，这样质量高于 250 元的次上等车也会退出市场，最后形成了劣货驱逐良货的局面，市场上仅剩下“柠檬”，如此循环，最终的结果是交易不成功，市场瓦解。这个过程被称为“逆向选择”，如图1.1所示，其中横轴是汽车的质量，纵轴是分布密度。

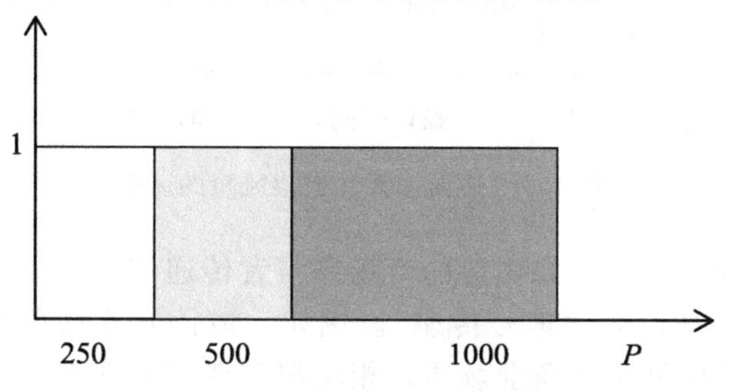

图1.1　二手车市场的逆向选择

斯蒂格利茨利用信息不对称理论分析了保险市场的“逆向选择”和“道德风险”问题，从而将信息不对称理论从商品市场扩展到金融市场。投保人在购买了保险产品后，由于保险公司很难观测到投保人对投保标的的尽责情况，并且由于事故发生后的损失不由投保人承担，而是由保险公司承担，导致投保人不会像参加保险前那样尽心维护自己的财产，这就是所谓的“道德风险”（moral hazard）问题。

保险市场上也存在“逆向选择”问题，由于保险标的的质量属于投保人的私有信息，例如投保人的健康状况，针对保险公司公布的保险费率，投保人会自行判断参加保险是否值得。面对同一个保险费率，健康状况良好的投保人会认为参保不合算，因为他罹患疾病的概率很小。相反，健康状况有问题的投保人才会选择参加保险，因为其患病的概率会很高。由于保险公司并不知道投保人的健康状况，所以最后参加保险的都是患病概率高的投保人，导致保险公司支付的赔偿金额超过保费收入，为此保险公司会进一步提高保险费率，保险费率的提高又促使健康状况相对好一些的投保人退出保险，留下来的是健康状况更差的投保人。这就是保险市场的逆向选择问题，这个问题不解决最终会导致保险市场的瓦解。

“逆向选择”和“道德风险”的关系如图1.2所示。

“逆向选择”是针对隐蔽特征而言的，“道德风险”是针对隐蔽行为而言的。隐蔽行为是未来的不可观察信息，两者之间存在一个时间节点，例如合同的签订时间，签订前进行选择，可能会越选越差，也就是面临“逆向选择”，签订后会面临不守合同、偷工减料等现象，也就是面临“道德风险”。

（3）信号传递与信息甄别

一方面，为了克服信息不对称带来的市场失灵问题，拥有信息优势的市

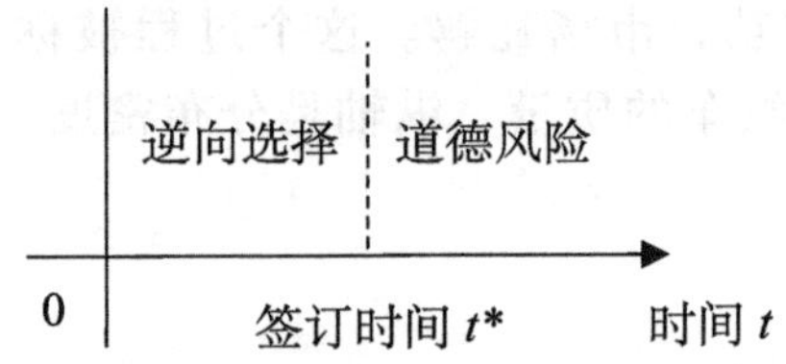

图 1.2　逆向选择和道德风险的区别

场参与者会主动向处于信息劣势的市场参与者传递信号，以使自己与其他市场参与者区别开来，即“信号传递”。例如，银行或者汽车供应商不会为了节约成本选择简陋寒酸的营业场所，相反都会选择在寸土寸金的商业地段修建富丽堂皇的门店，一个重要原因就是为了向顾客显示自己的实力，让顾客放心购买他们的产品。在市场上投放巨额广告宣传自己的品牌也是向潜在消费者传递信息的一种有效手段；另一方面，处于信息劣势的市场参与者也会对信息优势方发出的信息进行真伪判断，即“信息甄别”（Screening model），他们会在市场上搜集各个供应商的信息，货比三家。“信号传递”和“信息甄别”都要耗费巨大的成本。

迈克尔·斯彭斯在 1974 年成功地分析了劳动力市场的“信号传递”和“信息甄别”问题，从而将信息不对称理论的应用拓展到劳动力市场。由于雇员的素质和能力是其私有信息，在雇主不了解雇员的情况下，雇主只能按照平均工资雇用员工，这样能力高的员工就退出市场，雇主只能雇用低能力的员工，这是典型的逆向选择。为了克服这种信息不对称，素质能力高的求职者就要向潜在的雇主发送能证明自己能力比别人强的信息，比如提供之前任职企业的推荐信、完美的简历、更高的学历证书和职业资格证书等。当然，像提供更高的学历证书这样的信号传递是需要花费大量成本的，雇主会根据求职者发出的信号来判断其素质和能力，并给予相应的职位和待遇。

假设有高能力和低能力两种类型的求职者存在，低能力者的教育成本曲线是 $y=x$，高能力者的教育成本曲线为 $y=\frac{1}{2}x$，如图 1.3 所示，横轴为教育程度，纵轴为教育成本和工资收益。低能力者的教育成本曲线在上，也就是坐标轴的对角线，高能力者的教育成本曲线在下，也就是说高能力者获取高学历的成本很低。

现在转而考虑表达雇主的信念，假设雇主认为受过某个特定 x^* 水平的教育以及受过比这个水平更高的教育的求职者是高素质的求职者，按照 w_2 付给高工资；达不到这个教育水平的求职者是低素质的求职者，按照 w_1 付给低工资。由于高素质和低素质的学习成本不同，低学历的人学习成本高就会

选择 $x=0$，不接受教育，其获利为 a，如果选择受教育 x^*，获利为 b，由于 $b<a$，因此低能力者选择不接受教育。而高能力者选择教育水平为 x^*，此时获利为 c，因为 $c>b$，所以高能力者选择教育程度 x^*。

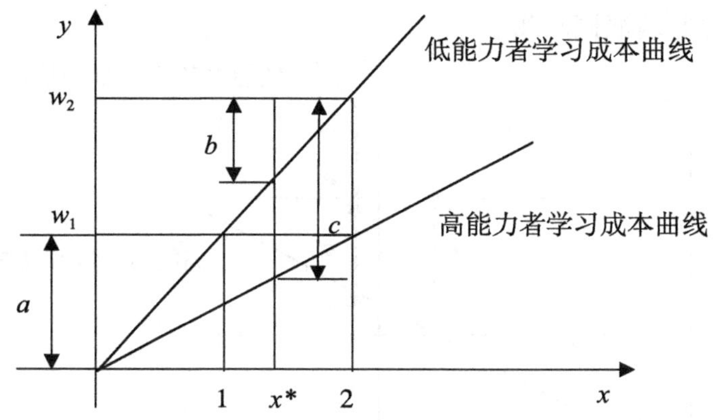

图 1.3　斯彭斯信号传递模型

学历信号的介入就成为人员能力的鉴别信号，形成了分离均衡的结果。但如果教育信号 x^* 选择不当将会出现混同均衡，当 $x^*<1$ 时出现高端混同均衡现象，如图 1.4 所示。

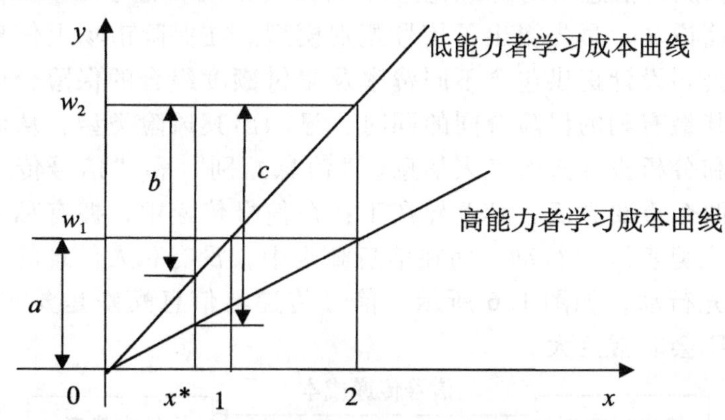

图 1.4　斯彭斯高端混同均衡模型

当 $x^*<1$ 时，教育成本比较高的低能力者也很容易达到，也就是说达到教育水平 x^* 不需要付出很大代价，却可以带来高一倍的工资 w_2，这时低能力者的获利为 b，$b>a$，因此低能力者选择接受教育。而高能力者这时的获利为 c，$c>a$，高能力者也选择接受教育，于是这时就出现了低能力者和高能力者都选择同一个教育水平 x^* 的所谓高端混同均衡。

如果教育信号 $x^*>2$ 时，则会出现低端混同均衡现象，如图 1.5 所示。

当 x^* 大于 2 时，即使高能力者要达到教育水平 x^* 也太困难，而且即使达到了 x^* 的教育水平，也是得不偿失，因为这时高能力者获利 $c < a$，而低能力者不仅不能获利，还会损失 b，于是这时就出现了低能力者和高能力者都放弃攻读学位的低端混同均衡。

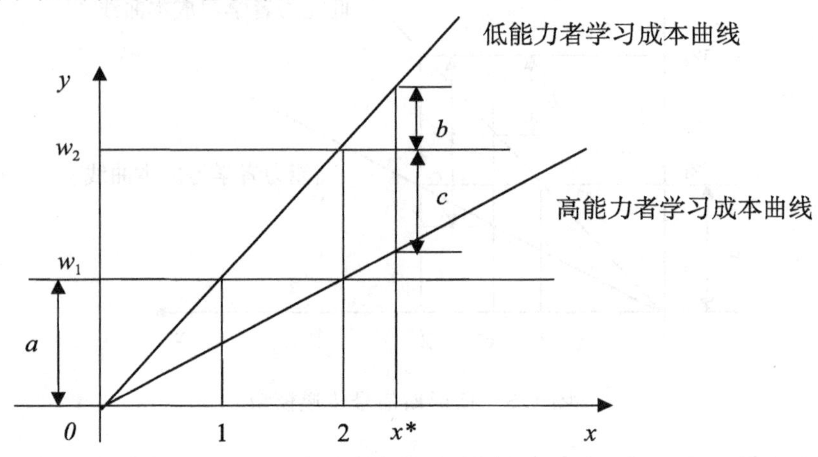

图 1.5　斯彭斯低端混同均衡模型

斯蒂格利茨将信息不对称理论应用到保险市场，他于 1974 年、1976 年相继发表两篇论文，最先提出了信号甄别模型。在保险市场上信息甄别可以表现为保险公司设计提供包含不同费率及赔付额度组合的保险合同，使投保人在选择对其最有利的保险合同的同时，显示出其风险类型，从而保险公司就可以获取和分析投保人的私人信息。“信息甄别”和“信号传递”是一种信号机制的两个重要方面，其差异在于：在信号传递中，拥有私人信息的一方即“信息优势者”先行动，而在信息甄别中，没有私人信息的一方即“信息劣势者”先行动，如图 1.6 所示。信号传递与信息甄别是要花费成本的，有时其成本还会非常巨大。

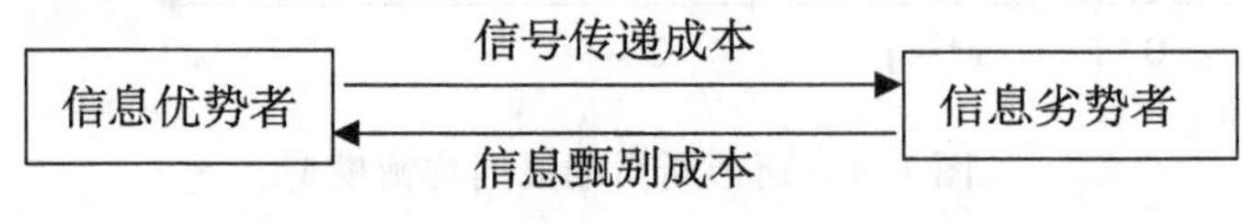

图 1.6　信号传递与信息甄别成本

2.1.2　信息不对称理论在本书中的应用

信息不对称理论指出，因外在环境的复杂性、不确定性，在市场经济活动中，各类人员对有关信息的了解是有差异的，有些参与人掌握的信息比另一些参与人要多，由此造成信息的不对称。信息不对称会导致“逆向选择”

问题和“道德风险”问题。① 市场信号显示在一定程度上可以弥补信息不对称的问题。

在高校科技成果评价活动中，一方面，由于高校科技成果的质量属于高校科技工作者的私有信息，再加上高校科技成果特有的高知识含量和多样性、复杂性、创新性、前沿性、专业性等特征，导致高校科技成果的技术门槛非常高；另一方面，由于专业知识的限制、管理资源的紧缺，高校科技成果评价活动的委托人和评审专家不能完全掌握高校科技工作者的实际努力程度和科技成果的质量情况，也就是说，高校科技成果评价中的委托人、评审专家和成果完成者之间存在着一定程度上的信息不对称。

高校科技成果评价是评价主体依据一定的价值取向和标准，运用科学的评价方法，对高校科技成果的科学性、创新性、科学价值和应用前景做出评价的过程。这里面包括拥有信息优势的高校科技工作者向项目委托方或评审专家传递或显示自身私有信息的信号传递过程；也包括信息劣势方对信息优势方所发出信号进行信息甄别的过程，这与信息不对称理论所说的市场信号显示可以在一定程度上克服信息不对称问题也是完全吻合的。

综上所述，完全可以将信息不对称理论应用在高校科技成果评价的分析中。

2.2　委托代理理论

2.2.1　委托代理理论的核心思想

委托代理理论是建立在非对称信息博弈论基础上的最重要的信息经济学基础理论之一。委托代理理论最早可以追溯到亚当·斯密，他是最早发现股份公司中存在着委托代理问题的经济学家。20 世纪 30 年代，美国经济学家伯利和米恩斯因为洞悉企业所有者兼具经营者的做法存在着极大的弊端，于是提出“委托代理理论”，倡导所有权和经营权分离，企业所有者保留剩余索取权，而将经营权利让渡。20 世纪 60 年代末 70 年代初，由于不满阿罗—德布鲁范式对企业“黑箱理论”的解释，一些经济学家开始深入研究企业内部的信息不对称问题和激励问题，委托代理理论因此得以发展起来。1974 年到 1976 年，詹姆斯·莫里斯（James Mirrlees）先后发表了《关于福利经济学、信息和不确定性的笔记》《道德风险理论与不可观测行为》《组织内激励和权威的最优结构》三篇论文，开创并奠定了委托代理关系的基本模型框

① 张廷亮：《信息不对称理论视角下的高校学术评价制度》，《江苏高教》2010 年第 5 期，第 46—48 页。

架。可以说，信息不对称理论的发展为委托代理理论的发展提供了机遇。委托代理理论是在对非对称信息认识的基础上发展起来的，并成为信息经济学研究的主要问题。经济学中的委托代理关系泛指任何涉及不对称信息的交易。一方面，经济学中委托代理关系存在的前提是信息不对称，只要相关各方拥有的私有信息具有不对称性，就会存在委托代理问题；另一方面，经济学在信息不对称的市场交易模型研究中，大都使用委托代理这一分析框架进行分析，通常将交易中拥有私人信息从而占有信息优势的一方称为代理人，将信息劣势方称为委托人，信息不对称的所有模型都可以在委托代理框架下进行分析。

委托人和代理人的概念最初是法律中的专门术语，法律中的委托代理关系特指一方以订立合同的方式委托另一方从事某种行为。经济学中的委托代理关系则泛指任何涉及不对称信息的交易，交易关系在这里因信息不对称转变成了委托代理关系。1973 年，美国芝加哥大学教授罗斯（S. Ross）在《美国经济评论》上发表了《代理的经济理论：委托人问题》，最早提出了现代意义上的委托代理概念，即“如果双方当事人中的一方代表另一方行使了某些决策权，委托代理关系就随之产生了”①。由于委托代理关系广泛存在于现实的社会经济生活中，研究这一关系的委托代理理论就当之无愧地成为信息经济学中最重要的基础理论之一。

委托代理理论有两个基本假设，即委托人和代理人之间存在信息不对称以及委托人和代理人之间存在利益冲突。在委托代理关系中，由于委托人无法事必躬亲，自然处于信息劣势地位，而代理人由于代替委托人行使一定的决策权而处于信息优势地位，委托人和代理人对信息拥有的差别为代理人的“道德风险”问题埋下了隐患。在委托人与代理人之间的委托代理博弈关系中，两者的目标函数并不相同，委托人希望代理人像为自己工作时那样全身心付出，但代理人可能会偏离委托人的目标函数，选择使自身的利益最大化，即代理人会根据自己的成本和收益情况来调整自己的行为，通过隐藏部分私有信息来谋求自身利益的最大化。委托人要想达成自己的目标，会采用各种监督手段来监视代理人的行为，例如雇用监理、监工、评委、专家、安装监控装置等，但这些措施都需要花费高昂的成本。委托人也可以采用另一种方式，让代理人与委托人的利益尽量趋于一致，促使代理人“自愿”为委托人积极工作，选择与委托人目标相一致的行动。

---

① 殷萍萍：《委托代理理论研究综述》，《现代营销（学苑版）》2012 年第 7 期，第 150—151 页。

委托代理理论是过去40多年里契约理论最重要的发展之一。经济学中的委托代理关系泛指任何涉及不对称信息的交易，同时，由于任何一笔交易总是与一定的契约联系在一起的，因此也可以将信息不对称条件下的交易视为委托人与代理人之间签订的某种契约。委托代理理论研究的就是非对称信息情况下的最优交易契约，也称契约理论，即对给定的信息结构，什么是最优的契约安排。在委托代理关系中，委托人无法低成本地观测到代理人的行为，只能观测到代理人行为的产出结果，但是这个产出结果并不完全取决于代理人的努力程度，它还和一些具有不确定性的随机变量，比如天气的变化、运气、市场的波动等因素有关。委托人要根据观测到的信息设计对代理人的监督激励机制，即将代理人与委托人的利益进行捆绑，使代理人为委托人的利益努力工作的同时，也能够实现其自身利益的最大化。这个委托代理数学模型可以表述如下：

代理人的行动为 a，A 是行动集，$a \in A$。用 θ 表示一个自然状态变量，这个变量不受代理人和委托人控制，其分布密度为 $g(\theta)$。代理人行动的产出为可观测变量 $x(a,\ \theta)$，代理人的收入为 $\pi(a,\ \theta)$，其中，x、π 由 a、θ 共同决定。委托人要设计激励合同 $s(x)$，从而实现依据可观测变量 x 对代理人进行考核与奖惩的目的。

假设委托人的效用函数为 $v(\pi - s(x))$，代理人的效用函数为 $u(s(\pi)) - c(a)$，其中 $c(a)$ 为成本函数。

则委托人的期望效用函数表示如下：

$$\int v(\pi(a,\theta) - s(x(a,\theta)))g(\theta)\mathrm{d}\theta$$

在此条件下考察代理人的约束条件：参与约束、激励相容约束。

参与约束是指委托人提供给代理人的工资报酬要达到能够吸引代理人留在委托代理合同关系里的水平，如果达不到这个水平，代理人就不会有动力参与到与委托人的合作关系中来，可以理解为如果代理人不接受委托人的工资，在市场上可以获得的某一平均工资水平 $\bar{u}$，代理人所得工资小于 $\bar{u}$，则合同不能签订，这就是参与约束，用数学模型表示就是：

$$\int u(s(x(a,\theta)))g(\theta)\mathrm{d}\theta - c(a) \geqslant \bar{u}$$

激励相容约束是指委托人提供给代理人的报酬要能够满足激励代理人为了实现其个人利益最大化而愿意主动选择实现委托人的最大利益，也就是委托人和代理人的利益要相互捆绑系容。如果委托人希望代理人选择 a，但代理人可以选择 a'，只要满足下面的约束条件，就可以实现让代理人选择 a：

$$\int u(s(x(a,\theta)))g(\theta)\mathrm{d}\theta - c(a) \geqslant \int u(s(x(a',\theta)))g(\theta)\mathrm{d}\theta - c(a'), \quad \forall a' \in A$$

这个条件就是激励相容约束。

因此，委托人的数学问题可以表示成如下的规划问题：

$$\max \int v(\pi(a,\theta) - s(x(a,\theta)))g(\theta)\mathrm{d}\theta$$

$$\text{s.t.} \quad \int u(s(x(a,\theta)))g(\theta)\mathrm{d}\theta - c(a) \geqslant \bar{u}$$

$$\int u(s(x(a,\theta)))g(\theta)\mathrm{d}\theta - c(a) \geqslant \int u(s(x(a',\theta)))g(\theta)\mathrm{d}\theta - c(a'), \quad \forall a' \in A$$

目标函数要在同时符合参与约束和激励相容约束条件下，计算出代理人的最优行动方案。

2.2.2 委托代理理论在本书中的应用

委托代理理论与高校科技成果评价的基本思想是吻合的，高校科技成果评价是高校科技成果评价的主体按照一定的价值取向和标准，运用科学的评价方法，对高校科技成果的科学性、创新性、科学价值和应用前景进行的评价。其作用是发挥激励工具作用，被评价者向评价者提供成果水平信息，这便是被评价者（代理人）发出评价者（委托人）希望看到的信号，因此完全可以将委托代理理论应用于高校科技成果评价。基于委托代理理论的高校科技成果评价体系如表 1.1 所示。

表 1.1 基于委托代理理论的高校科技成果评价体系

名称	委托代理理论	高校科技成果评价
前提	信息不对称	项目委托人对科技成果的完成情况不了解
主体	委托人（信息劣势方）	科技项目委托人
客体	代理人（信息优势方）	高校科技工作者
载体	信号	评价指标
目的	完成信号传递，缓解信息不对称	对科技成果的质量做出判断
结果	委托人希望得到的信息与代理人发出的信号两者相匹配	匹配大多一致，优秀
		匹配基本一致，良好
		匹配主要一致，合格
		匹配不一致，不合格

2.3　信息论中的信息传递模型与信息不增原理

2.3.1　信息论中信息传递模型与信息不增原理的核心思想

信息论中的信息传递模型是指信源 X 发出一个信号通过一定的传播渠道，传递给接收者，传播途径被称为信道，信号接收者被称为信宿 Y。信宿通过对信号的解码获取信源要传递的信息，如图 1.7 所示。

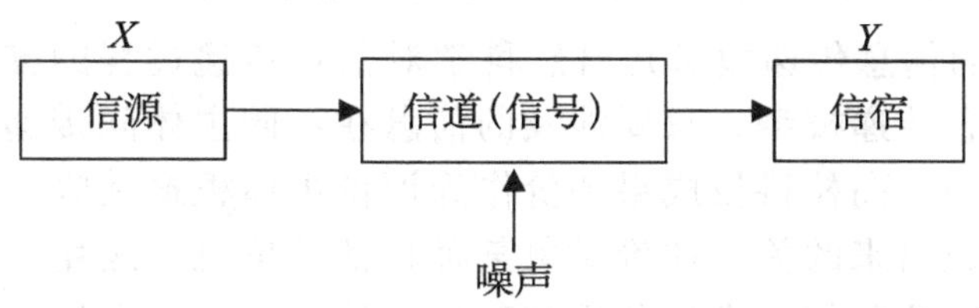

图 1.7　信息论中的信息传递模型

在这个信息传递模型中，信号是流动的媒质，可以是声、光、电等载体，也可以表现为价格波动、面部表情等，信号的特点是其具体性，具体的信号是可以被感知的。品牌、信用、广告、学历证书等都是典型的信号。而信宿通过解码获得的信息是抽象的，是人们经过头脑的加工整理形成的对事物的认识。信号与信息既有联系又有区别，信号是信息的载体，信息是信号所隐藏的有价值的成分。信号是具体的，信息是抽象的，信息最主要的特点是其抽象性。信息是有大小的而且是可以度量的，不同学科对信息给出了不同的定义，信息经济学认为信息是不确定性的负度量，或者说信息具有消除不确定性的功能。信息论的创始人，美国数学家克劳德·艾尔伍德·香农（Claude Elwood Shannon）认为信息是对事物运动状态或存在方式的不确定性的描述。①

在信息传递过程中，由于信道中噪声的干扰以及信息处理层级的增加会导致信息的损失，即信息在传递过程中，每经过一次处理，可能丢失一部分信息，信息的处理不会创造信息，只会丢失掉一些信息，一旦信息产生失真，用任何手段也不能恢复丢失的信息，这就是“信息不增原理”。图 1.8 是信息不增原理示意图。当信息 X 经过一级处理之后，变为 Y，再经过二级处理变为 Z，其数学表达为 $I(X, Z) \leqslant I(X, Y)$，$I(X, Y)$ 是 X 传递给 Y 的信息量，$I(X, Z)$ 是 X 传递给 Z 的信息量。

---

① 王欣：《基于信息不对称理论的国家科技计划项目风险管理研究》，北京交通大学 2012 年博士学位论文。

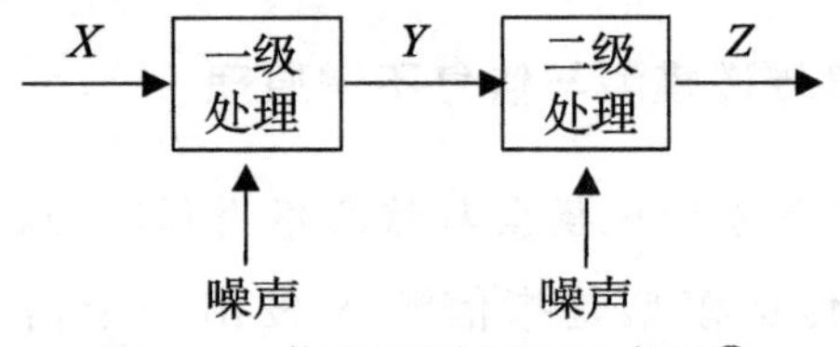

图 1.8　信息不增原理示意图①

2.3.2　信息论中信息传递模型与信息不增原理在本书中的应用

信息论中的信息传递模型是自然科学对信息传递过程的描述，它是最一般意义上的信息传递模型，只要涉及的信息在不同主体间传递就可以适用这个信息传递模型。高校科技成果评价作为评价主体根据其收集到的或者是评价对象主动发送出来的关于评价对象某种特征的信息，运用一定的评价方法和评价标准，对这些信息进行分析和整理，从而在主观上形成评价对象对其需要满足程度的认识的过程，可以被视为信息论中信息传递模型的特殊表现形式。

信息论中的信息传递模型里面有噪声对信道干扰的概念，这一概念对本书分析高校科技成果评价过程中的信息失真问题具有重要的启发，顺着这一分析思路，完全可以将高校科技成果评价中影响评价对象正常发送信息的行为以及影响评价主体对评价对象发送出来的信号进行准确接收和理解的因素视为信息论意义上的“噪声”。在信息论中，由于信道中噪声的干扰以及信息处理层级的增加，会导致信息的损失，一旦信息产生失真，用任何手段也不能恢复丢失的信息，这就是“信息不增原理”。在高校科技成果评价过程中，一方面，因为不是由实际用户对高校科技成果的质量和水平做出客观评价，评审专家对高校科技成果实际情况的了解有限，在评价标准的选择上，往往只能通过论文数量、期刊的影响因子等形式上的、简单量化的主观信息和高阶信息指标来间接判断高校科技成果的质量和水平；另一方面，由于学术造假和学术腐败问题存在，最终导致高校科技成果评价中出现严重的信息失真问题，这也和信息论中所讲的信息不增原理完全相符。

综上所述，高校科技成果评价过程与信息论中信息传递模型及信息不增原理的基本思想是相互吻合的，完全可以将信息论中的信息传递模型及信息不增原理应用在对高校科技成果评价的分析之中。它们之间具体对应关系如表 1.2 所示。

---

① 曹雪虹、张宗橙：《信息论与编码》，北京邮电大学出版社 2001 年版，第 12—13 页。

表 1.2　信息论中信息传递模型与信息不增原理在本书中的应用

名称	信息论中的信息传递模型	高校科技成果评价
信息发送者	信源	高校科技工作者
信息接收者	信宿	科技项目委托人（评审专家）
发送	信道中的信号	评价指标
目的	在信源与信宿之间准确地传递信息	高校科技工作者向委托人或评审专家传递代表成果质量的信号
干扰	噪声	非学术因素干扰
干扰的结果	信息不增原理	信息失真

3. 本书的理论分析框架

信息经济学在信息不对称市场交易模型研究中，大都使用委托代理这一分析框架进行分析，通常将交易中拥有私人信息占有信息优势的一方称为代理人，将信息劣势方称为委托人。信息不对称的所有模型都可以在委托代理框架下进行，而委托代理关系存在的前提是信息不对称，只要相关各方拥有的私有信息具有不对称性，就会存在委托代理问题。

依据信息经济学对信息不对称市场交易模型研究的一般范式，本书以委托代理关系作为高校科技成果评价中信息不对称问题分析的基本理论框架，同时吸收信息论中信息传递模型里面关于噪声干扰与信息不增原理的思想。依照提出问题、分析问题和解决问题的思路对高校科技成果评价中的信息不对称问题展开阐释。

从信息传递的角度看，高校科技成果评价与信息论中的信息传递模型以及信息经济学中的信息不对称理论（以委托代理关系作为分析框架）可以实现完美的契合，即完全可以把高校科技成果评价、信息论中的信息传递模型以及信息经济学中的信息不对称理论（以委托代理关系作为分析框架）都视作不同主体间的信息传递过程，这三者之间的比较如表 1.3 所示。

表 1.3 信息论中的信息传递模型和信息经济学中的委托代理理论与高校科技成果评价之间的比较

名称	信息论中的信息传递模型	委托代理理论（信息经济学）	高校科技成果评价
前提	信宿对信源的不确定性	信息不对称	项目委托人对科技成果的完成情况不了解

续表

名称	信息论中的信息传递模型	委托代理理论（信息经济学）	高校科技成果评价
信息发送者	信源	代理人	高校科技工作者
信息接收者	信宿	委托人	科技项目委托人（评审专家）
发送	一般意义的信息	代表代理人真实水平的信号	评价指标
目的	在信源与信宿之间准确地传递信息	代理人向委托人传递代表自身真实水平的信号	为科技成果评价提供依据
干扰	噪声		非学术因素干扰
干扰的结果	信息失真（信息不增原理）		信号失灵

基于以上分析，可以构建出我国高校科技成果评价中委托人与代理人之间的信号传递模型，如图 1.9 所示。

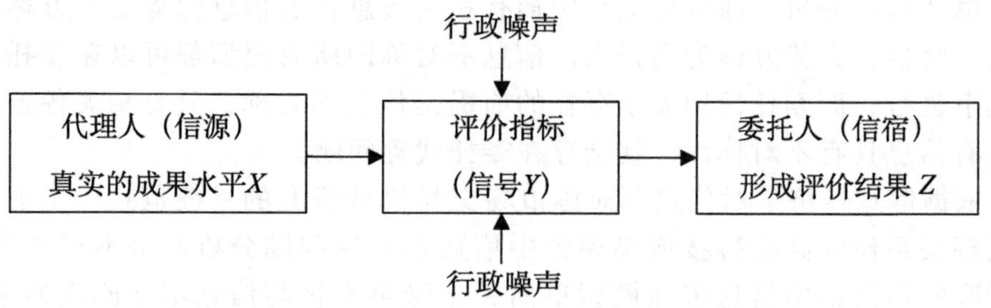

图 1.9　委托人与代理人之间的高校科技成果评价信号传递模型

为简化分析，假设在高校科技成果评价中，用 X 代表高校科技成果的真实水平，用 Y 代表传递成果水平的信号，用 Z 代表评价结果，每个项目中都有两个选项，依次写成下面的形式：

$$X = \begin{bmatrix} x_1 & x_2 \\ \text{高} & \text{低} \end{bmatrix}, Y = \begin{bmatrix} y_1 & y_2 \\ \text{好} & \text{坏} \end{bmatrix}, Z = \begin{bmatrix} z_1 & z_2 \\ \text{高} & \text{低} \end{bmatrix}$$

x_1，x_2 代表科技成果真实水平的高和低，y_1，y_2 代表传递信号的好和坏，z_1，z_2 代表评价结果的高和低。

至此，对我国高校科技成果评价中信息不对称问题的分析就可以以代理人与委托人之间的高校科技成果评价信号传递过程作为分析基础展开讨论，具体的理论分析框架如图 1.10 所示。

基于代理人与委托人之间的高校科技成果评价信号传递模型，本书首先分析了高校科技成果评价中委托代理关系的类型，以此为依托对高校科技成

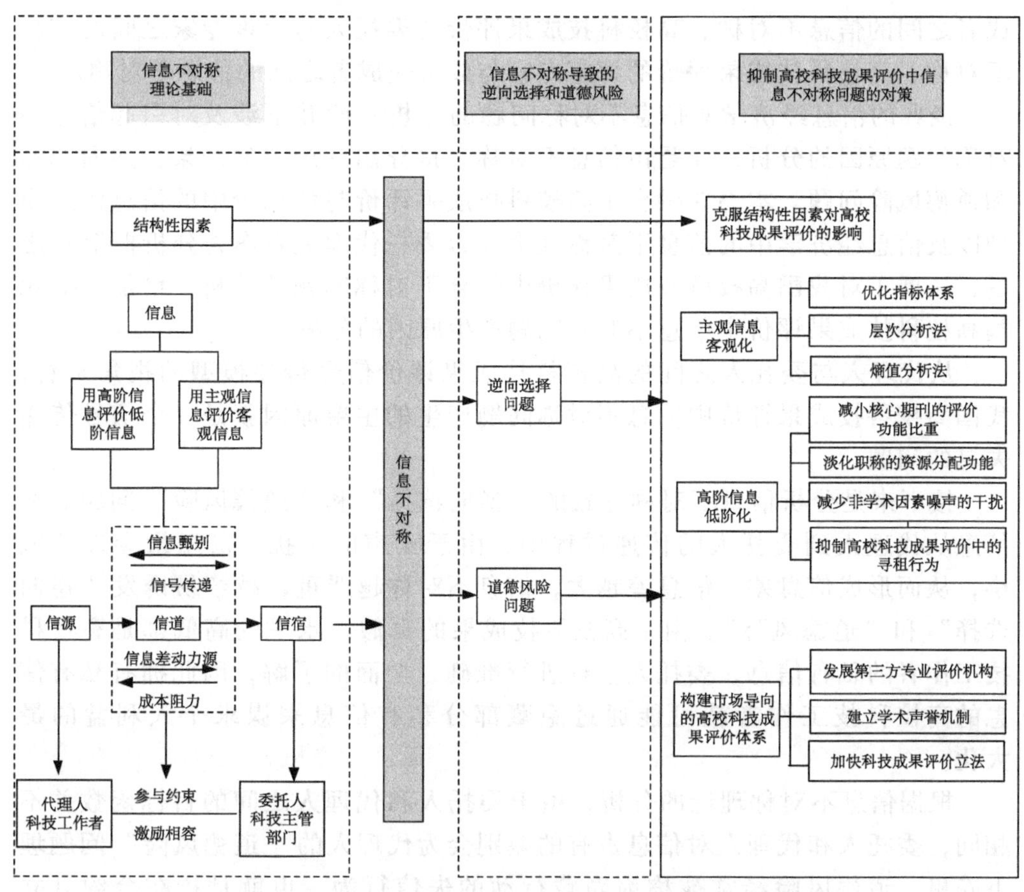

图 1.10　我国高校科技成果评价信息不对称问题的理论分析框架

果评价中信息不对称问题的表现形式进行分析。高校科技成果评价中的委托代理关系主要包括两种类型：第一种是项目委托人或资金提供者与成果完成者之间的委托代理关系。第二种是项目委托人或资金提供者与专业的评审专家之间的委托代理关系。第二种委托代理关系的产生源于第一种委托代理关系中委托人对代理人完成工作情况进行评价的需要。高校科技成果评价活动中项目委托人和成果完成者之间存在着一定程度的信息不对称，高校科技成果的真假、水平的高低都是高校科技工作者的私有信息，项目委托人很难做出判断，由此引入了评审专家，形成了多种委托代理关系。但评审专家的引入也不能完全解决信息不对称问题，评审专家对评价活动投入努力的程度、对被评价成果的理解和认识程度、与成果完成者之间的关系等都属于评审专家的私有信息，在委托代理关系中仍然存在信息不对称问题。高校科技成果评价中的信息不对称表现在三个方面：高校科技成果评价的委托人与成果完成者之间的信息不对称、高校科技成果评价的委托人与评审专家之间的信息不对称、高校科技成果评价的评审专家与成果完成者之间的信息不对称。

经典的信息经济学对信息不对称问题的分析一般并不涉及对引起信息不对称问题原因的分析，而是由信息不对称直接导出其产生的结果：逆向选择和道德风险问题。本书在融合了高校科技成果评价与信息论中的信息传递模型以及信息经济学中的信息不对称理论（以委托代理关系作为分析框架）之后，拓展了对我国高校科技成果评价中信息不对称问题的分析，增加了对我国高校科技成果评价中信息不对称问题产生原因的分析。

从代理人与委托人之间的高校科技成果评价信号传递模型的视角来看，我国高校科技成果评价中信息不对称问题产生的主要原因就是一个信号传递失灵的问题。

接下来是分析信息不对称导致的“逆向选择”和“道德风险”问题。在信息从代理人到委托人的传递过程中，由于噪声的干扰，信息量会逐渐减小，从而形成信息差，信息差越大，信息不对称越严重，越容易诱发“逆向选择”和“道德风险”。由于高校科技成果的真假、水平的高低都是高校科技工作者的私有信息，委托人很难进行准确、全面的了解，因此拥有私有信息的高校科技工作者就可能通过隐藏部分私有信息来谋求个人利益的最大化。

根据信息不对称理论的分析，由于委托人和代理人之间的目标函数并不相同，委托人和代理人对信息占有的差别会为代理人的“道德风险”问题埋下隐患。道德风险经常被称为隐藏行动的失信行为，也就是指在合约订立后，代理人利用委托人不了解其真实的努力程度，采取“偷懒”或者“不尽力”的行为，使委托人的利益受到损失。我国高校科技成果评价中的道德风险问题较集中的是学术造假和权力寻租问题。在分析信息不对称导致的学术造假和权力寻租问题时，本书构建了我国高校科技成果评价中委托人与代理人之间的混合策略博弈模型，通过计算博弈的纳什均衡解，探讨了代理人学术造假行为和委托人、代理人寻租行为的影响因素。

本书提出了改善我国高校科技成果评价中信息不对称问题的对策，针对我国高校科技成果评价中信息不对称问题的成因提出了相应的对策。

最后，本书提出了我国高校科技成果评价中信息不对称问题的终极解决方案，即构建市场导向的高校科技成果评价体系，包括大力发展独立的“第三方”科技评价机构、建立学术市场的声誉机制、加快科技成果评价立法工作的步伐。

第二章　我国高校科技成果评价概述

1. 新中国成立以来的高校科技成果评价历史沿革

相比于西方市场经济成熟国家，我国的科技成果评价（包括高校科技成果评价）工作起步较晚，我国的科技成果评价始于20世纪50年代末，至今已走过了将近60年的发展历程，概括起来可以大致分为5个发展阶段。

1.1　科技成果评价制度的建立阶段（1958—1966年）

20世纪50年代中期，国务院批准成立了农业科学研究工作协调委员会，其任务之一就是“负责鉴定科研成果”，这是我国最早的负责科技成果鉴定的机构，[①] 也是现今能够查到的新中国最早的关于科技成果鉴定的文字记录。1958年，“大跃进”在全国范围内轰轰烈烈开展起来，受其影响，当时科技成果的数量也呈爆炸式增长，为了应对这种科技领域的浮夸风，建立能够鉴别和判断科技成果质量与真伪的评价标准及评价办法成为迫在眉睫的任务。1959年2月，原国家科委发出通知，在总结当时新产品鉴定工作经验的基础上，明确了科技成果鉴定的分级管理原则、工作程序和鉴定范围。1961年4月，国务院通过并公布了原国家科委起草的《新产品新工艺技术鉴定暂行办法》，即人们常说的“61鉴定办法”，这是我国关于科技成果鉴定的第一个正式办法，也是我国关于科技成果评价的第一个规范性文件，它标志着我国的科技成果评价制度正式建立并开始实施。1963年，原国家科委下发了《关于上报和登记科学技术研究成果的若干规定》的试行草案。1964年原国家科委、计委、经委和财政部又联合下发了《工业科学技术中间试验管理办法》的试行草案，将工业科学技术的“中试成果”也纳入到鉴定范围内。总的来说，这个阶段是我国科技成果评价的探索期，为后来我国科技成果评价体制的不断完善奠定了坚实的基础。

---

① 顾海兵、王宝艳：《中国科技成果评审制度研究》，《复旦教育论坛》2004年第4期，第12—15页。

1.2　科技成果评价的停滞阶段（1967—1977年）

在"文化大革命"的影响下，我国的科技成果评价工作长期处于停滞状态。这期间，我国基本上没有制定过科技成果评价方面的法律和行政法规，只是在1972年10月国务院科教组与财政部联合发布了一个《关于新产品试制、中间试验、科学研究补助费使用管理的几项规定》，其中规定高校结合教学自行安排的科学研究所需费用，在各单位核定的事业费预算内开支。有关部门在核定科学研究机构和高等学校事业费预算时，应考虑其研究任务的需要。科学研究机构和高等学校承担国家、省、区（市）各有关部门安排的新产品试制、中间试验、重要科学研究等重大项目，所需费用由安排单位在科学技术三项费用等有关经费内解决。

1.3　科技成果评价的恢复阶段（1978—1986年）

1978年3月全国科技大会召开，我国的科技成果评价工作也进入了恢复阶段。1978年11月，原国家科委制定了《关于科学技术研究成果的管理办法》（以下简称《办法》），该《办法》规定，科学技术研究成果必须经过严格的鉴定，鉴定办法仍按1961年的《新产品新工艺技术鉴定暂行办法》执行，并把科技成果划分为理论研究成果、技术成果和阶段性成果三个大类。20世纪80年代初，由于当时的国家科委将鉴定证书作为申报国家科技奖励的必要条件，导致科技成果鉴定的数量和范围都不断扩大。1984年，原国家科委制定了《关于科学技术研究成果管理的规定（试行）》，一方面重申了科技成果鉴定仍按照"61鉴定办法"执行；另一方面，为了纠正科技成果鉴定会泛滥以及不正之风严重的问题，规定应用技术成果凡具有下列情况之一者，可视同已通过鉴定：根据研制任务书或合同经任务下达（或委托）的专业主管部门（单位）正式验收并出具证明的；已经在生产（或使用）实践中证明技术上成熟、经济上合理，由专业主管部门（单位）审查合格并出具证明的；经专业技术管理机构（如计量、测试、药检、品种、标准等）检验合格并出具证明的。科学理论成果如已在全国性（或国际性）学术会议上宣读，并获得会议文件作出肯定性评价者，可不再另行组织评审。1985年，原国家科委又联合国家经委下发了《关于加强科技成果管理的通知》，明确规定以下四类科技成果不再组织鉴定：根据研制任务书或合同，经任务下达的专业主管部门正式进行技术检测和验收并出具证明的；已在生产实践中证明技术上成熟，经济上合理，经过技术检测由专业主管部门审查合格并出具证明的；经中国专利局授予专利权的发明创造，实施后取得经济效益的；科学理论成果，如已在全国性（或国际性）学术会议上宣读，或在全国性（或国际性）学术刊物上发表的。此举进一步扩大了视同鉴定的成果范围。

1.4　科技成果评价的规范阶段（1987—2015年）

随着我国经济体制和科技体制改革的不断深化，鉴于“61鉴定办法”不论是在鉴定的方法、形式和鉴定的范围上，还是在鉴定管理体制上都不能适应新形势的发展需要，1987年，原国家科委发布了我国第二部科技成果鉴定办法《中华人民共和国国家科学技术委员会科学技术成果鉴定办法》（也称“87鉴定办法”），同时废止了实行26年之久的《新产品新工艺技术鉴定暂行办法》。1988年，原国家科委又发布了《国家科学技术委员会关于科学技术成果鉴定办法若干问题的说明》，对“87鉴定办法”进行了详细的解释说明。“87鉴定办法”明确规定国家科委归口管理全国科技成果鉴定工作，各地方科委、国务院有关部门的成果管理机构负责本地区、本部门的科技成果鉴定工作，避免了“61鉴定办法”鉴定工作管理过于分散、基层单位可以自行鉴定、掌握标准不一等弊病，理顺了科技成果鉴定体系。“87鉴定办法”拓宽了被鉴定科技成果的范围，使被鉴定科技成果的范围从新产品、新工艺拓宽到科学理论研究成果、应用技术研究成果以及软科学研究成果三个方面。为了克服鉴定会过多、过大的弊端，“87鉴定办法”还明确规定了三种鉴定形式和三种视同鉴定的情况。三种鉴定形式包括专家评议、验收鉴定、检测鉴定，而“61鉴定办法”只有通过鉴定会进行鉴定一种形式。三种视同鉴定的情况包括已经生产实践证明技术成熟、取得经济社会效益的；已按技术合同实施并达到合同要求的；已获得专利权并得到实施的，均可凭实施单位出具的证明，经批准后即可视同已通过鉴定。

“87鉴定办法”还取消了1961年鉴定暂行办法中将鉴定分为国家鉴定、部鉴定、地方鉴定和基层鉴定的做法，并强调鉴定工作要注重实效，提倡能不开会的尽可能不开会的做法，这些做法对克服“61鉴定办法”存在的弊端和不足都具有一定的积极作用。

随着我国经济体制由计划经济向市场经济转变，一些存在的问题逐渐暴露出来。为了解决这些问题，1994年10月26日，原国家科委发布了我国第三部《科学技术成果鉴定办法》，也称“94鉴定办法”。该办法自1995年1月1日起开始实施，相对于“87鉴定办法”，“94鉴定办法”主要有两个方面的重大变化，第一个重大变化是压缩了鉴定的范围。根据1994年的《科学技术成果鉴定办法》，科技成果的鉴定范围是列入国家和省、自治区、直辖市以及国务院有关部门科技计划内的应用技术成果，以及少数科技计划外的重大应用技术成果。同时明确规定基础理论研究成果、软科学研究成果、已申请专利的应用技术成果、已转让实施的应用技术成果、企业和事业单位自行开发的一般应用技术成果、国家法律、法规规定，必须经过法定的专门机构审查确认的科技成果，都不再需要组织鉴定。第二个重大变化是取消了验收鉴定和视同鉴定。“87 鉴定办法”规定了验收鉴定、检测鉴定、函审鉴定、会议鉴定和视同鉴定 5 种鉴定形式，考虑到视同鉴定难于被公众所接受，验收鉴定与会议鉴定并无实质区别，“94 鉴定办法”取消了这两种鉴定形式，只保留了检测鉴定、会议鉴定和函审鉴定。“94 鉴定办法”还增加了有关科学和职业道德、鉴定中各方法律责任的条款。显然“94 鉴定办法”在鉴定范围、鉴定程序、鉴定组织、鉴定管理和相关法律责任各方面都较前两部鉴定办法成熟和完善。

1.5　科技成果评价的市场化改革启动（2016 年至今）

科技成果鉴定制度虽然在一定程度上起到了调动科技工作者积极性，促进我国科学技术发展的历史作用，也满足了政府对科技成果评价和管理的需要，但存在着科技成果的研发与应用严重脱节的现象，随着我国经济体制改革的不断深入，科技成果鉴定与市场经济的发展要求逐步提高。在科技成果鉴定过程中，政府身兼鉴定的管理者、组织者、监督者三种角色，既是裁判员又是运动员，为权力寻租和腐败埋下了隐患。考虑到由政府科技主管部门对科技成果进行鉴定的做法不能适应我国科技体制改革的需要，科技部在 2016 年 8 月正式取消了科技成果鉴定。①

《科学技术成果鉴定办法》被废止后，根据科技部、教育部等五部委发布的《关于改进科学技术评价工作的决定》和科技部发布的《科学技术评价办法》的有关规定，今后各级科技行政管理部门不得再自行组织科技成果评价工作，科技成果评价工作由委托方委托专业评价机构进行。

我国早就开始了第三方科技评价方面的探索，这方面的工作甚至可以追溯到 20 世纪。20 世纪 90 年代初，原国家科委就提出用“第三只眼睛”来对国家重大科技计划项目进行独立评估。中科院早在 1994 年就对其所属的各个研究所进行过科技评估，并在此基础上发表了评价蓝皮书。中科院评估研究中心于 1999 年成立，并在全国率先对中科院下属的知识创新工程试点研究所进行科技评估试点，并发表了评价白皮书。中科院在科技评估方面的探索为此后科技评估制度在全国的推广打下了坚实的基础。

---

① 周维海：《科技部正式取消科技成果鉴定》，《科技日报》2016 年 8 月 19 日。

1996 年 8 月，国家科委组织了“国家科委改革科技成果评价方式研讨会”，同年，广东、辽宁、武汉、深圳、北京等相继设立了政府性的科技评估机构。我国首个国家级的科技评估中心——科技部科技评估中心是在 1997 年 12 月成立的，该中心不仅起草了我国第一个《科技评估规范》，更是在实践中开展了一系列对科研机构、科技计划、科技政策和科技项目的评估活动，为我国科技评估体系的构建积累了宝贵的经验。在这些前期工作的基础上，1997 年 1 月，《科技成果评估试点工作管理暂行规定》正式出台。1998 年，科技部决定对国家重点新产品计划的立项进行评估试点并委托国家评估中心开展国家重点新产品评估试点的总体技术方面的设计研究。同年，《建设部科技成果评估工作管理暂行办法》也正式出台。2001 年是我国科技评估快速发展的一年，在这一年，科技部组织了全国范围内的科技评估培训工作，还批准了北京市等 12 个省市和部门进行科技成果评价试点工作。截至 2001 年末，全国省级科研评估机构已经达到 70 余家，从业人员达到 1000 多人。科技部相继出台了《科技评估管理暂行办法》（2000 年 12 月）、《国家科研计划课题评估评审暂行办法》（2002 年 6 月）、《国家科技计划项目评估评审行为准则与督查办法》（2003 年 3 月）、《关于改进科学技术评价工作的决定》（2003 年 5 月）、《科学技术评价办法》(2003 年 9 月）等一系列科技评估制度规范。这些政策文件就我国科技活动中的计划、项目、机构、人员和成果如何进行评价的问题在原则上做了比较全面的规范，但是在细节方面还有很多地方没有落实。科技部当时的设计思路是对列入国家科技计划的重大应用性技术成果实行科技成果鉴定，其他科技成果交给独立的第三方科技评估中介来进行评价，这也是对国外科技发达国家成功经验的一种借鉴。但由于第三方的评估中介机构缺乏公信力和权威性等，2000 年前后各地的科技成果评估工作基本上处于停滞状态，各省的科技评估机构逐渐以立项评估工作为主，科技成果评估工作基本上开展得较少，科技成果评价的主要方式还是科技成果鉴定。

2006 年 2 月，国务院发布了《国家中长期科学和技术发展规划纲要(2006—2020 年)》，其中明确提出要改革科技成果评价制度。2009 年，科技部启动了科技成果评价试点工作，出台了《科技成果评价试点工作方案》。2010 年科技部又出台了《科技成果评价试点暂行办法》，规定在试点范围内以第三方专业科技成果评价机构取代地方科技局作为组织单位进行科技成果的评价工作，旨在转变长期以来形成的以政府组织科技成果鉴定为主的科技成果评价方式。2014 年 7 月，科技部国家科技奖励工作办公室下发了《关于开展二期科技成果评价试点工作的实施意见》，提出除了涉及国家秘密、国家安全、公共安全等国家重大利益的科技成果，在试点范围内不再开展科技成果鉴定，全面实施科技成果评价，明确科技成果评价报告可用于科技成果登记和推荐科技奖励的佐证材料，积极推动科技成果评价报告在促进科技成果转化过程中的有效使用。国务院印发的《“十三五”国家科技创新规划的通知》中也把第三方的评价结果作为财政科技经费支持的重要依据。至此，我国科技成果评价的专业化和社会化工作全面展开。

从我国科技成果评价的发展历程可以看出，我国早在20世纪90年代就进行过第三方科技评价工作的尝试，由专业化的评估机构对科技成果进行评价的相关办法和规范早就存在，但第三方评估在我国的影响力不高，发展仍处于初级阶段。

2. 我国高校科技成果评价的形式

经过近60多年的发展，我国高校科技成果评价形成了包括奖励评审、评估、鉴定、验收以及学术委员会评审等多种评价方式在内的多元化评价体系，其中得到普遍承认的科技成果评价方式是国家主导的科技成果鉴定和奖励。①

我国高校科技工作者从事的研究课题一般包括三类，第一类是纵向课题，即由国家各级财政出资资助的研究项目，这类课题又根据财政资助的级别分为国家、省、区（市）不同的纵向级别。第二类是横向课题，即高校和高校科技工作者接受企事业单位的委托进行研究开发的课题（项目）。第三类是高校科技工作者根据自己的兴趣爱好自发进行的研究。这些课题或项目研究结束后，成果的评价分别有不同的方式。纵向课题中除了要进行科技成果鉴定的项目外，其余项目都要进行验收。基础性研究成果在验收前还须由科技工作者所在单位学术委员会先行评审并提供评定意见。横向课题研究结束后，一般由委托单位按计划任务书或所规定的验收标准组织专家进行评审或验收，也有委托给有资质的评估中心或国家认可的评估机构来评估验收的。高校科技工作者自发研究的课题由所在单位学术委员会评价。这三类课题中的优秀成果都可以申请政府的科技奖励，参加奖励评审。上述的科技成果评价方式除了奖励评审外，其他评价形式多是从鉴定制度演变发展而来。

根据评价主体的不同，可以把以上各种高校科技成果评价形式分为内部评价和外部评价。

① 顾海兵、王宝艳：《中国科技成果评审制度研究》，《宁波职业技术学院学报》2004年第2期，第58—62页。

2.1　内部评价

内部评价也可称为自体评价或第一方评价，它是指组织内部的评价，是高校科技成果的委托方自己作为评价主体，在没有任何委托的条件下，使用自己内部的评价系统，根据评价的基本要求和自身特点对高校科技成果的质量水平和完成情况进行的评价，此时，高校科技成果的委托方往往既是项目的组织者又是评价者。内部评价最典型的就是学术委员会评审，科技成果鉴定、验收、科技奖励虽然也是由项目委托方聘请相关领域的专家进行评价，但是由于评审专家并不具有独立的法人地位，他们只是临时受聘于评价活动的组织者，很容易受评价活动组织者的影响和干扰，因此本书把这三种评价形式都归类为内部评价。

2.1.1　学术委员会评审

学术委员会是在各学会、科研机构和高校内部设立的学术评审机构，其主要职能之一是评审各类科学研究成果。在我国目前的高校科技成果评价体制下，高校科技工作者完成的由各级财政资助的基础研究成果首先要经过学校学术委员会的评审，然后才能向上一级机构申请结题验收，其他普通科技成果一般只需学校学术委员会进行评审即可。在高校学术委员会下面，一般还设有院系一级的学术分委员会。高校内部的科研项目和奖励项目，学术委员会拥有最终评审决定权；高校科技工作者申请各级政府科技计划内的项目和奖励，特别是基础科学研究成果，高校学术委员会要出具推荐意见。

2.1.2　科技成果鉴定

科技成果鉴定一直以来都是我国最重要的科技成果评价方式。根据1994年的《科学技术成果鉴定办法》，科技成果的鉴定范围是列入国家和省、自治区、直辖市以及国务院有关部门科技计划内的应用技术成果，以及少数科技计划外的重大应用技术成果。科技计划内的基础性研究、软科学研究等其他科技成果的验收和评价方法，由科技部另行规定。科技成果鉴定实行以政府为主导，统一领导、分级管理的原则，[①] 科技部归口管理、指导和监督全国的科技成果鉴定工作；省、自治区、直辖市科学技术管理部门归口管理、监督本地区的科技成果鉴定工作；国务院各有关部门负责管理、监督本部门的科技成果鉴定工作。这些管理部门（以下简称组织鉴定单位）负责组织鉴定，或委托有关单位（以下简称主持鉴定单位）主持鉴定。组织鉴定单位和

① 杨翊、姜立平：《浅析当前科技成果评审制度的利弊》，《天津科技》2009年第4期，第91—92页。

主持鉴定单位可以根据科技成果的特点选择检测鉴定、会议鉴定或函审鉴定。采用检测鉴定时，由组织鉴定单位或者主持鉴定单位指定经过省、自治区、直辖市或者国务院有关部门认定的专业技术检测机构进行检验、测试。专业技术检测机构出具的检测报告是检测鉴定的主要依据，必要时，组织鉴定单位或者主持鉴定单位可以会同检测机构聘请三至五名同行专家，成立检测鉴定专家小组，提出综合评价意见。采用会议鉴定时，由组织鉴定单位或者主持鉴定单位聘请同行专家七至十五人组成鉴定委员会。鉴定委员会列会专家不得少于应聘专家的五分之四，鉴定结论必须经鉴定委员会专家三分之二以上多数或者到会专家的四分之三以上多数通过。采用函审鉴定时，由组织鉴定单位或者主持鉴定单位聘请同行专家五至九人组成函审组。提出函审意见的专家不得少于应聘专家的五分之四，鉴定结论必须依据函审组专家四分之三以上多数的意见形成。参加鉴定的专家由组织鉴定单位从国家科委或本省、自治区、直辖市科委、国务院有关部门的科技成果鉴定评审专家库中遴选。鉴定的程序是，由科技成果完成单位或个人根据任务来源或隶属关系向其主管机关申请鉴定；若符合鉴定办法第八条规定的条件，经组织鉴定单位批准，组织或主持鉴定单位将被鉴定科技成果的技术资料送达承担鉴定任务的专家；参加鉴定的专家收到技术资料后进行审查，提出鉴定意见；组织鉴定单位和主持鉴定单位对鉴定结论进行审核，并签署具体意见；经鉴定通过的科技成果，由组织鉴定单位颁发《科学技术成果鉴定证书》。

2.1.3 验收

国家科技计划内的项目除了要进行科技成果鉴定的，其余项目都要进行验收，从而使验收成为科技成果评价的另一重要形式。验收是由任务下达单位组成验收专家组根据任务书（或合同书）对项目的完成质量进行的评价。验收通常作为一种常用的科技管理手段运用于科技计划项目评价中，根据相关管理办法，项目验收是以项目可行性报告、合同或计划任务书确定的考核目标为基本依据，对项目实施的各种效果进行的评价，但实际上验收与科技成果鉴定过程中的专家评审差不多。依据《国家科技计划项目管理暂行办法》，科技部专项计划部门批复验收申请，并委托项目组织实施管理机构组织验收，同时也规定，项目的验收也可以通过评估机构进行验收评估。

2.1.4 科技奖励

科技奖励是我国科技成果评价的另一种重要方式。我国的科技奖励有政府组织的，也有民间自发组织的，但以政府奖励为主。政府组织的科技奖励又按照行政等级分为国家级和省部级（自治区、直辖市），省级以下不设立科技奖励。部级奖励中只有涉及保密和国家安全问题的国家安全部、国防科学技术工业委员会和公安部 3 个部设有科技奖励，其他部不设科技奖励。①

2.2　外部评价

外部评价也可称为异体评价或第三方评价，是指高校科技成果的委托方委托组织外部没有任何关联的、经过有关部门认可的、能够独立承担民事责任，具有相对稳定的专业评估队伍、管理规范的第三方评价机构，由这个独立的第三方评价机构严格依照评估标准和程序对高校科技成果的质量水平和完成情况进行的专业化评价，它的评价主体是高校科技成果委托人和完成人以外的第三方评价机构。此时，高校科技成果的组织者和评价者是分离的。由于第三方评价机构与高校科技成果的委托人和完成人没有直接的利害关系，因此其评价结论要比内部评价更加客观公正。

科技评估是典型的外部评价方式，科技评估是指由科技评估机构（以下简称评估机构）根据委托方明确的目的，遵循一定的原则、程序和标准，运用科学、可行的方法对科技政策、科技计划、科技项目、科技成果、科技发展领域、科技机构、科技人员以及与科技活动有关的行为所进行的专业化咨询和评判活动。根据 1997 年科技部发布的《科技成果评估试点工作管理暂行规定》，科技成果评估是科技成果鉴定的补充，其主要任务是对《科学技术成果鉴定办法》（1994）中规定的 6 大类不予鉴定的科技成果进行价值评估。随着科技成果鉴定制度的取消，今后科技评估将在我国高校科技成果评价工作中发挥越来越重要的作用。

3. 我国高校科技成果评价方法的类型

我国高校科技成果的评价方法主要有行政评议、同行评议、定量评价和综合评价四种类型。

3.1　行政评议

新中国成立后，借鉴苏联的科技发展和管理模式，我国迅速建立起一套类似于政府行政机构的科研机构，国家对这些科研机构、科研人员和科技成果的管理和评价也都以行政手段为主，这些科研机构和里面的科研人员都有相应行政级别，并按照行政级别的高低进行科技资源的分配，科技成果的评价结果也以行政级别的形式体现。这种行政评议的评价方法后来被取消。

---

① 王章豹、徐枞巍、李姚矿、吴骏：《高校科研排行性评价与科技创新能力评价指标设计》，《合肥工业大学学报（社会科学版）》2005 年第 1 期，第 1—8 页。

3.2 同行评议

国际上通用的科技成果评价方法是同行评议。改革开放以后，我国开始尝试引入同行评议制度。[①] 1986 年，国家自然科学基金委员会根据公正、公平、公开的原则，在基金分配工作中率先在国内开始实行同行评议，这一时期国内很多的学术性期刊也都陆续实行了同行评议。到了 20 世纪 90 年代，同行评议制度逐步趋于完善。

同行评议是指由从事某领域或接近该领域的专家按照一定的评议准则，对科学问题或科学成果的潜在价值或现有价值进行评价，对解决科学问题的方法的科学性及可行性给出判断的过程，是科学界对一项科技成果的价值、创新性和先进性进行判断的一种基本方法。根据评审专家与被评价人之间的了解程度，可以将同行评议分为单隐评议、双隐评议和公开评议。

由于评审专家的研究领域与高校科技成果完成者的研究领域相同或相近，且他们都是该领域内的佼佼者，其业务水平精湛、经验丰富，对高校科技成果完成者所在研究领域的技术前沿和发展态势有比较深入和准确的把握，因此，由他们对同专业的研究机构、人员和成果的科研实力、学术水平、科学价值、技术难度等作出判断具有一定的合理性。[②]

3.3 定量评价

20 世纪 80 年代，以 SCI 为代表的定量评价方法被介绍到中国，由于其客观严谨的评价标准刚好能弥补同行评议方法的主观性缺陷，该方法在科技成果评价中得到迅速的推广和应用。[③] 与此同时，我国的研究机构在借鉴 SCI 引文思想的基础上，相继开发出多个更适合中国国情的引文数据库。1988 年，中国科技信息研究所在历年开展科技论文统计分析工作的基础上，开发出《中国科技论文统计与引文分析数据库》（Chinese Science and Technology Papers and Citation Databases，简称 CSTPC）；1989 年，中国科学院文献情报中心创建了被誉为“中国的 SCI”的《中国科学引文数据库》（Chinese Science Citation Database，简称 CSCD）；1997 年，《中文社会科学引文索引数据库》（Chinese Social Science Citation Index，简称 CSSCI）由南京大学与香港理工大学联合开发成功，该索引 1999 年被教育部列为“人文社会科学研究重

① 何丁喜：《科研团队绩效评价系统研究》，浙江工业大学 2006 年硕士学位论文。

② 马世猛、时伟、陈敏：《高校科研绩效评价方法比较》，《合作经济与科技》2014 年第 18 期，第 168—169 页。

③ 邹琦：《科技成果奖励评价方法研究》，湖南大学 2007 年硕士学位论文。

大项目”[①]。

定量评价在我国又经历了指标量化和文献计量评价两个发展阶段。[②] 指标量化就是建立评价指标体系并由评审专家对各个指标及其权重进行赋值，然后对评价对象进行定量评价分析。指标量化将数学量化思想引入到科技成果评价中，为定量评价的深入发展奠定了基础，但由于其指标和权重赋值仍然离不开人的因素，所以其实质上还是同行评议。文献计量评价则以其客观的论文数量和引文数量指标使科技成果评价完全摆脱了主观性的弊端。

文献计量评价虽然是科技评价方法上划时代的巨大进步，但是也有其自身局限性。以引文数量作为科技成果评价指标是建立在引文数量的多寡与科技成果质量之间存在线性关系的假设基础上的，但这种线性关系很多时候并不可靠，引文数量的多少在不同学科领域之间的差别也很大，因此用引文数量进行科技成果评价会导致不同领域的科技成果不具有可比性的问题。此外，引文数量还具有一定的滞后性，这些都是应用文献计量评价时必须注意的问题。[③]

3.4　综合评价

在科技成果评价实践中，鉴于同行评议与文献计量评价各自的优缺点，人们往往将这两种评价方法结合起来使用，这就是综合评价方法，特别是在评价复杂对象时，综合评价方法更是具有不可替代的优势。[④] 综合评价方法从20世纪80年代被引入中国，在我国获得广泛应用和发展，我国学者在借鉴和学习国外先进的综合评价理论和方法的同时，也在不断发展和完善适合我国实际情况的综合评价理论和方法，并取得了不错的成绩。从20世纪90年代末开始，我国高校科技成果评价进入了综合评价阶段。

4. 我国高校科技成果评价的特征

总体来说，现阶段我国高校科技成果评价实行的是以政府主导、行政型运作为主要特点，以国家为主、统一领导、分级管理为原则的科技成果评价

---

① 任枫：《科技工作者工作满意度与科研绩效相关性研究》，天津大学2010年硕士学位论文。

② 邓毅：《完善学术评价制度有待深化细化》，《中国高等教育》2007年第Z2期，第49—51页。

③ 邹琦、刘斌：《几种常用科技成果奖励评价方法的比较分析》，《企业家天地（理论版）》2007年第7期，第15—16页。

④ 邱均平、任全娥：《我国人文社会科学研究成果评价研究进展》，《情报资料工作》2006年第4期，第10—15页。

体制，具体表现在以下几个方面：

4.1 评价主体以各级教育、科技行政管理部门为主

我国高校科技成果评价的主体以各级教育、科技行政管理部门为主导，实际用户、市场的需求方、同行认可等其他评价主体的作用仍有发挥空间。我国关于科技成果评价的相关法律明确规定，科技成果评价和管理工作是主管科技工作的政府机关的行政行为，科技部2003年9月颁布的《科学技术评价办法》（试行）规定，科学技术评价工作的行为主体包括评价委托方、受托方及被评价方。委托方是指提出评价需求的一方，主要是各级科学技术行政管理部门或其他负有管理科学技术活动职责的机构等。科学技术评价工作一般应由委托方委托专业评价机构、评价专家委员会或评价专家组作为受托方进行。此前发布的《科技成果登记办法》（2001）规定，“科学技术部管理指导全国的科技成果登记工作。省、自治区、直辖市科学技术行政部门负责本地区的科技成果登记工作；国务院有关部门、直属机构、直属事业单位负责本部门的科技成果登记工作”。《科学技术成果鉴定办法》（1994）中也规定，“科技成果鉴定实行以政府为主导，统一领导、分级管理的原则，科技部归口管理、指导和监督全国的科技成果鉴定工作；省、自治区、直辖市科学技术管理部门归口管理、监督本地区的科技成果鉴定工作；国务院各有关部门负责管理、监督本部门的科技成果鉴定工作”。

在高校内部，科研活动从规划立项、项目申请到经费报销、中期检查、项目验收，再到成果评价、评奖，均由行政管理部门主导。

4.2 评价目的服务于政府科技管理需要

一般来说，科技成果评价目的或者是满足项目管理者验收结题的需要，或者是为科技成果的潜在使用者提供参考信息从而为科技成果转化服务，再或者是“面向公共决策的技术评价”，即向“公众”交待由公共财政资助的项目取得的效果和影响。

4.3 评价对象以政府科技计划内项目为主

现阶段政府组织的各类科技计划内项目仍然是高校科技成果评价的主要对象。“94鉴定办法”第六条中明确规定，科技成果鉴定范围为列入国家和省、自治区、直辖市以及国务院有关部门科技计划内的应用技术成果，以及少数科技计划外的重大应用技术成果。《国家科学技术奖励条例》第十五条也规定只有省、自治区、直辖市人民政府和国务院有关组成部门、直属机

构、中国人民解放军各总部以及经国务院科学技术行政部门认定的符合国务院科学技术行政部门规定的资格条件的其他单位和科学技术专家才有资格推荐国家科学技术奖候选人。

4.4　评价标准存在量化评价风险

同行评议和文献计量评价法是目前高校科技成果评价中最常被采用的评价方法。我国高校科技成果评价中，各级教育、科技行政管理部门主导并直接参与大部分科技成果评价工作。由于评审专家大多并非科技成果的最终使用者，所以他们对科技成果会有缺乏完整性、实质性了解的可能，因此在评价标准的选择上，往往只能通过发表论文的数量、期刊的影响因子等形式上的、量化的评价指标来间接判断科技成果的质量和水平。本书以某高校理工科教师科研业绩评价指标体系（从个体角度考察高校科技成果评价指标）和教育部科学技术司编写的《2015 年高等学校科技统计资料汇编》（从高校整体角度考察高校科技成果评价指标）中的高等学校科技成果指标体系为实例进行讨论，如表 2.1 和附录 B 所示。

第一，现行高校科技成果评价的指标侧重于对数量的考核。例如，在科研论文这一高校科技成果评价最重要的指标上，主要看发表在 SCI、SSCI、EI、CPCI、ISTP、核心期刊以及各级各类期刊上的论文数量；著作指标也着重考核著作数量和字数；科研项目和申请的专利不但要看数量，还要看科研进款（转让）金额。

第二，现行高校科技成果评价的指标侧重于对级别的考核。这一点在论文、科研项目和科研成果获奖方面表现最为突出，论文发表在国外期刊的要重于国内期刊，核心期刊要重于非核心期刊；科研项目中纵向课题要比横向课题更受重视，纵向课题内部又按照行政级别细分为国家级、省部级及地、市、厅局级和校级；科研成果获奖也同样按照行政级别被赋予不同的分值。

人文社科类高校科技成果评价指标虽然在具体指标内容上与理工类不同，但是在强调数量和级别的问题上，与理工类高校科技成果评价指标完全相同，所以这里不再赘述。

表 2.1 某高校理工科教师科研业绩评价指标体系

<table>
<tr><th>评价指标</th><th colspan="2">级别和分类</th></tr>
<tr><td>科研论文</td><td colspan="2">Science、Nature、Cell 全文发表学术论文
SCI 来源期刊
SSCI、EI、CPCI 来源期刊
ISTP 收录
CSCD 收录
国内核心期刊
非核心期刊</td></tr>
<tr><td>著作</td><td colspan="2">学术专著
学术编著、译著
教材</td></tr>
<tr><td rowspan="6">科研项目</td><td rowspan="5">纵向课题</td><td>973，863，国家自然科学基金</td></tr>
<tr><td>国家级项目</td></tr>
<tr><td>省部级项目</td></tr>
<tr><td>地、市、厅局级项目及行业项目</td></tr>
<tr><td>校级项目</td></tr>
<tr><td colspan="2">横向课题</td></tr>
<tr><td rowspan="4">知识产权</td><td colspan="2">发明专利</td></tr>
<tr><td colspan="2">实用新型专利</td></tr>
<tr><td colspan="2">外观设计专利</td></tr>
<tr><td colspan="2">计算机软件著作权</td></tr>
<tr><td rowspan="4">科研成果获奖</td><td colspan="2">国家级成果奖励</td></tr>
<tr><td colspan="2">省部级成果奖励</td></tr>
<tr><td colspan="2">市级成果奖励</td></tr>
<tr><td colspan="2">校级成果奖励</td></tr>
</table>

第三章　我国高校科技成果评价中信息不对称问题的表现及成因

1. 我国高校科技成果评价中信息不对称问题的表现

我国当前的高校科技成果评价活动由政府有关部门、机构或高校发起并组织。

哈耶克在《知识在社会中的利用》一文中说，知识分为两大类：一类是科学知识，即被组织起来的知识由专家所掌握，在理论和书籍中可以得到；一类是特定时间和地点的知识，为处于当时和当地的人所拥有。哈耶克所讲的特定时间和地点的知识，实际上就是信息，① 就是实际使用者通过对科技成果的实际体验而获得的信息，这类信息恰恰是评价高校科技成果所必需的，由高校科技成果的实际使用者对高校科技成果的质量和水平做出评价是最简便也是信息不对称最小的一种方式。

在高校科技成果评价活动中，由于高校科技成果的质量属于高校科技工作者的私有信息，再加上高校科技成果特有的高知识含量和创新性、前沿性、专业性等特征，导致高校科技成果的技术门槛非常高，一般人很难对高校科技成果的质量做出判断，这就导致高校科技成果评价中的信息不对称问题要比其他领域更严重。因此，在高校的科技成果评价活动中，需引入评价中介（包括评审专家或者评审委员会）来进行评价，由此在高校科技成果评价活动中形成了多种委托代理关系。本章首先从分析高校科技成果评价中的委托代理关系入手，然后进一步探讨信息不对称问题的表现和成因。

我国高校科技成果评价中的委托代理关系主要包括两种类型：首先，第一种委托代理关系是指项目委托人或资金提供者与成果完成者之间的委托代理关系，从宏观上表现为委托人与高校之间的委托代理关系，如图 3.1 所示。

从微观上表现为委托人（或高校）与高校科技工作者之间的委托代理关系，如图 3.2 所示。

① 倪宁、雷蕾：《互联网广告的长尾市场管理》，《广告大观（理论版）》2012 年第 2 期，第 50—56 页。

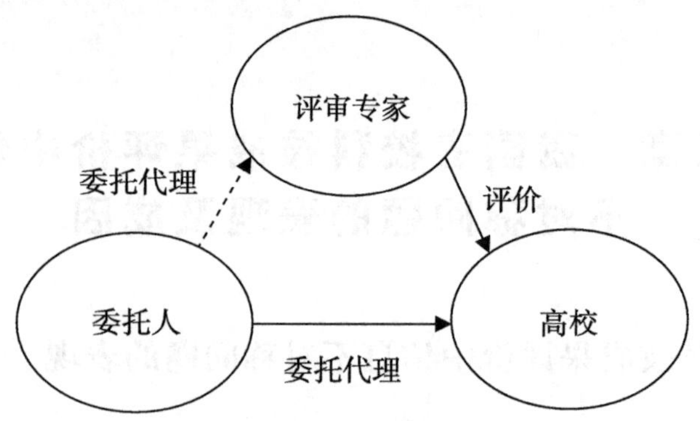

图 3.1　委托人、评审专家与高校之间的委托代理关系

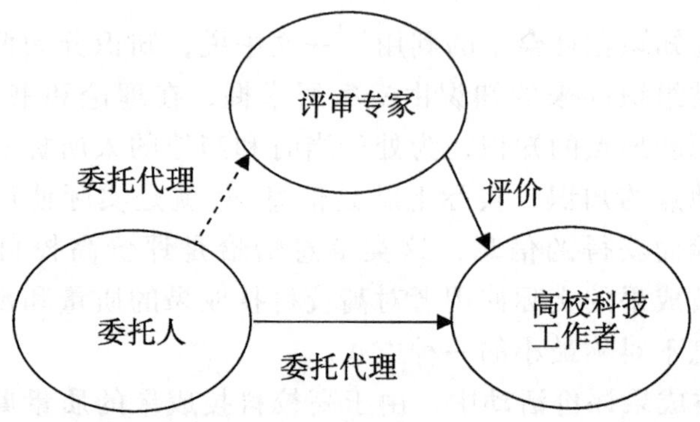

图 3.2　委托人、评审专家与高校科技工作者之间的委托代理关系

其次，第二种委托代理关系是指项目委托人或资金提供者与专业的评审专家之间的委托代理关系，项目委托人或资金提供者委托专业的评审专家对成果完成者完成成果的情况进行评价，如图 3.1 和图 3.2 中的虚线箭头所示。第二种委托代理关系的产生源于第一种委托代理关系中委托人对代理人完成工作情况进行评价的需要。

经典的委托代理模型讨论的委托代理关系涉及两个行为主体，即一个处于信息劣势的委托人和一个处于信息优势的代理人之间的单层委托代理关系。但实际生活中的委托代理关系往往是多层次的，不同层次之间的行为主体会形成一个委托代理链条，其中的某一个环节可能既是委托人又是代理人。

以高校完成的纵向课题为例，科技行政管理部门作为课题立项组织管理者委托课题承担单位也就是高校进行专题研究，高校又会把这个课题委托给某个科研团队，科研团队的带头人按照任务分解的原则把课题布置给团队研究人员分别完成。这种层次关系可由图 3.3 清晰表示。

图 3.3　高校科技成果评价中的多层委托代理关系

高校科技成果评价活动中项目委托人和成果完成者之间存在着信息不对称，由此引入了评审专家，形成了多种委托代理关系。从理论上看，评审专家的引入不能完全解决信息不对称问题，在委托代理关系中仍然存在信息不对称问题。这种理论上的信息不对称表现在三个方面：高校科技成果评价的委托人与成果完成者之间的信息不对称、高校科技成果评价的委托人与评审专家之间的信息不对称、高校科技成果评价的评审专家与成果完成者之间的信息不对称。

1.1　委托人与成果完成者之间的信息不对称

科学研究是一种极富创新性的、门槛很高的智力创造活动，一方面从事科学研究探索需要长期的知识积累和沉淀，非一朝一夕就能一蹴而就；另一方面科技创新的前沿性也注定了科学研究是一种专业性很强的、很小众化的活动。在这种情况下，如果科技成果的委托人是成果的实际使用者，那么委托人与成果完成者之间虽然在专业知识方面存在着信息不对称，但在科技成果的质量、科技成果能否有效解决委托人在生产实际中遇到的问题方面，委托人拥有的信息却一点也不比成果完成者少。也就是说，在高校科技成果的实际使用效果的信息方面，委托人与成果完成者之间并不存在信息不对称。问题在于，大多委托人并不完全是高校科技成果的实际使用方，因此必然引入评审专家，以此来弥补自身信息和知识的缺陷，克服与成果完成者之间的信息不对称问题。

1.2　委托人与评审专家之间的信息不对称

高校科技成果评价活动的委托人与评审专家之间的委托代理关系中也存在着一定的信息不对称。评审专家的专业知识水平、对评价活动投入努力的程度、对被评价成果的理解和认识程度、与科技成果完成者之间的关系等都是评审专家的私有信息。由于委托人的判断更多依赖于评审专家，从理论上看，在评审专家与委托人目标函数不一致的情况下，个别评审专家有可能为了自身利益，隐瞒或虚报评价对象的质量信息，从而损害委托人的利益。

1.3 评审专家与成果完成者之间的信息不对称

评审专家虽然与科技成果完成者是同行，拥有相近或相同的研究领域，但当代科学技术的发展趋势是科学研究领域的划分越来越细，每个科学家研究的领域也越来越专深，能够及时掌握新兴学科发展成果的专家人数越来越少，即使那些在本学科领域内的权威专家也不能对所有的信息都掌握；与科学研究领域划分日益精细这一趋势相对应，科学技术的综合化趋势也在不断加强，不同学科之间的交叉和渗透越来越普遍，边缘学科不断涌现出来，这就导致寻找拥有与科技成果完成者相同知识结构、能够真正理解科技成果价值的同行专家越来越难。

由于评价本来就是评价主体对评价对象所拥有价值的主观判断过程，加上科技成果本身的复杂性以及科技成果转化应用的滞后性，导致评审专家对科技成果质量和价值的判断具有一定的主观预测性，不同评审专家对同一个成果的评价结果往往有所不同。所以，即使是评审专家，认识能力也是有限的，即评审专家与高校科技成果完成者之间仍旧存在一定的信息不对称问题。

导致评审专家与科技成果完成者之间信息不对称的另一个因素就是评审专家的时效性问题。

2. 我国高校科技成果评价中信息不对称问题的成因

2.1 结构性因素导致的信息不对称

评价作为评价主体对评价对象所具有价值的判断活动，本身就是一个不断克服评价主客体之间信息不对称问题的过程，可以说，评价活动与信息不对称是相伴相生的，如果没有信息不对称，评价主体对评价对象完全了解，也就不存在评价的必要了。所以说，高校科技成果评价中的信息不对称问题本来就是题中应有之义，这是由高校科技成果评价的结构性因素决定的，主要表现在高校科技成果的创新性、复杂性特点以及高校科技成果评价中的委托代理关系两个方面。

2.1.1 由高校科技成果的创新性、复杂性特点带来的信息不对称

科研活动是一个复杂的过程，科学探索具有不确定性、不可预见性、长期性和突变性的特点，科技成果的产生没有统一的模式可循。高校科技成果作为高校科技工作者科研活动的结果和产物，是高校科技工作者通过实验观察、调查研究、辩证思维、综合分析等一系列脑力、体力劳动所取得的具有

一定学术价值或实用价值的创造性智力成果，是具备科学性、创造性、新颖性、先进性、实用性等属性的新发现、新理论、新方法、新技术、新产品、新品种和新工艺。科学性是指科技成果应当具有客观真实性和系统严密性，符合科学研究的普遍范式。创造性是指科技成果的科学首创性，其必须有独到之处，是前所未有的，或国内外虽有而未公开，在当代科学技术前沿取得一定突破或在科学技术发展中具有一定建树。新颖性是指在评价委托日以前被评价科技成果的全部或部分科学技术内容没有在国内外出版物上公开发表过。[①] 先进性是指被评价科技成果的学术水平和技术水平应超过或达到目前已有的成果，即被评价科技成果在关键技术性能与主要的技术经济指标上要比已知的最先进的同类科技成果具有突出的特点和明显的进步。实用性是指成果对某一领域或学科的发展具有学术意义和价值，或在生产实践中应用能够取得较好的社会效益或经济效益。[②]

此外，从分类来看，高校科技成果具有涉及面广、内容丰富、种类繁多、复杂性和多样性的特点。依据分类标准的不同，高校科技成果可分为基础理论研究成果、应用技术研究成果以及软科学研究成果；自然科学成果、人文社会科学成果；常规科学中的原创性成果、阐释性成果、应用性成果、交叉性成果、超常规科学成果等；论文、著作、专利、科技奖励、鉴定成果等；论文还可以继续分为研究论文、研究报告、调查报告、应用模型、技术咨询、方案论证、软件、译文等；著作还可以细分为专著、编著、教材、译著、科普、工具书等。这些分类不但复杂多样，而且其子分类也很复杂，因此很难用一个统一的标准来衡量其丰富的内涵。

总之，高校科技成果自身具备的这些特点就决定了高校科技成果的技术门槛非常高，是存在信息不对称风险比较大的领域，一般人很难对高校科技成果的质量做出评判，对高校科技成果不能简单地像对其他领域事物那样进行评价。

2.1.2　由高校科技成果评价中的委托代理关系产生的信息不对称

委托代理理论研究的就是非对称信息情况下的最优交易契约问题，即拥有信息劣势的委托人如何通过一系列激励监督机制的设计达到让拥有信息优势的代理人为实现其个人利益的最大化而努力为委托人工作的目的。也就是说，只要存在委托代理关系的地方就存在一定的信息不对称问题。

在高校科技成果评价活动中存在着多种委托代理关系。在这些委托代理

① 赵晖：《科技成果评价及指标体系研究》，天津大学 2009 年硕士学位论文。

② 王嘉：《科技成果评估方法与指标体系的研究》，中国矿业大学 2010 年博士学位论文。

典型现象可以获得普遍的规律，反过来，根据普遍规律也可以解释个别的现象。而人文学科则以人内在的、主观精神世界为研究对象，以人的生存价值和生存意义为研究主题，其研究对象完全是主观的，人的内心世界既无法独立于人而存在，也不能像自然科学那样进行客观的界定，其研究成果基本上是无法测量的。与自然科学和社会科学寻求揭示研究对象的普遍规律不同，人文学科不是要获取关于研究对象的普遍规律，而是要探寻人存在的意义、人的价值及其实现问题，其研究方法和理论也不是进行抽象的归纳或演绎，而是依靠直觉、感悟和自省。人文学科的研究方法和理论也不存在像自然科学和社会科学那样的可逆性。在研究成果的评价标准上，自然科学因其研究的是客观世界的普遍规律，所以其评判标准是统一的、恒定的，而社会科学和人文学科由于不存在自然科学意义上的、统一的研究范式，对同样的问题，不同的研究者有着不同的解释，因此其评价标准是复杂的和多元的。

不同学科在研究成果的类型上也存在很大的差别。自然科学中理论研究部分（理科）的成果以学术期刊论文为主，工程技术（工科）中的研究成果主要表现为专利和技术报告，计算机学科则以国际会议论文及会议报告、发言最能反映其成就。人文社会科学的研究成果则以出版著作为主，论文在其研究成果总量中还达不到一半，这是因为自然科学研究已经建立起一整套基于其学科特点的成熟的研究范式，这个研究范式已为所有的研究者所熟知，没有必要在这方面再做详细的论述，因此很适合期刊论文这种小篇幅的出版物类型，而人文社会科学研究者往往需要更大的篇幅来描述和论证其研究工作的假设基础，界定研究问题的方法，以及建立用以评价他自己对该问题解答的标准，而著作能更好地适应这种需求。

就学科生产方式来说，理工类学科跟人文社科类学科相比更依赖于群体的共同努力和团队力量；人文社科类学科中，社会科学的论文作者合作程度要大于人文科学，人文科学的研究更强调研究者个人的独立思考和感悟。在各学科的论文统计中，个人独自撰写论文的比例数，化学最低，仅有17%，而人文学科中的史学最高，达到96%。

在价值实现方面，理工类学科由于与生产实践联系紧密，科技成果转化率高，经济效益明显，比较适用于量化评价，而人文社会科学研究成果具有多元化价值的特点，受意识形态的影响比较大，相对于自然科学，特别是自然科学中的工程技术学科，其研究成果的价值实现具有明显的间接性和滞后性，虽然人文社会科学在推动人类文明进程中发挥着巨大作用和价值，但是人文社会科学的学科特点决定了它并不像自然科学那样能取得“立竿见影”的经济和社会效益，它对社会的影响是通过潜移默化地改变人的思想、观念和态度间接实现的。因此，人文社会科学研究成果的评价过程需要更长的时间周期，也很难使用统一的量化指标来进行评价。①

在引文周期方面，不同的学科领域也存在很大的区别。自然科学中除了数学以外，文献的引文期限都比较短，而人文社会科学的文献引文期限一般都比较长。

不同学科由于期刊性质的差异，在期刊影响因子方面也会有很大的不同。研究人员数量多的学科，研究成果也会比较多，相应的期刊数量也会比那些相对冷门的研究领域的期刊多，期刊影响因子也会更高一些。因此，用影响因子来评价期刊和论文的质量，如果不考虑学科之间的差异，则很难保证评价结果的准确性。

b. 不同研究类型之间的差异

科学研究开发活动作为人类不断探索、发现和应用新知识的创造性活动和连续过程，一般包括基础研究、应用研究和开发研究三种类型。不同类型的科研活动在成果表现形式、研究目标、研究周期、研究特点以及评价原则等各个方面都存在很大的不同，因此，其相应的评价指标体系也应有所侧重。②

基础研究是指为了认识自然现象、揭示自然规律，获取新知识、新发现、新学说而进行的实验性或理论性研究，基础研究工作基本上是在学科前沿，并在实验室中进行，基础研究的目的在于揭示事物的本质和发展规律，研究回答客观事物“是什么”和“为什么”的问题，它不着眼于当前的应用，也没有特定的商业目的，③ 研究结果具有一般的或普遍的正确性，通常表现为一般的原则、理论和规律，其研究周期长、风险大、成功概率较小，研究需要的经费比较少，成果以论文和著作为主要形式。

应用研究是运用基础研究的理论和知识，为获得新材料、新技术、新方法和新产品而开展的定向研究。应用研究在获得知识的过程中具有明显的价值取向和实用目标，或是为了确定基础研究成果可能的用途，或是为达到预定的目标探索应采取的新方法或新途径，研究周期较短，有时间限制，成功的概率较高，其成果有实用价值，有一定保密性，其成果一般以论文、专著、原理性模型、技术解决方案和专利为主要形式。

① 麻妙群：《科研绩效评价中存在的问题与对策》，《丽水学院学报》2016 年第 3 期，第 55—58 页。

② 杨忠泰：《完善高校科研评价的思考》，《科技进步与对策》2013 年第 3 期，第 153—156 页。

③ 《什么是基础研究、应用研究和开发研究》，《宁夏电力》2015 年第 5 期，第 67—67 页。

开发研究是利用基础研究、应用研究成果和现有知识为创造新产品、新方法、新技术、新材料，为生产产品或完成工程任务而进行的技术研究活动。开发研究以具体的工程应用为目标，解决的是“做什么”和“怎样做”的问题。相对于基础研究和应用研究，开发研究的研究周期最短，风险最小，研究成功的概率最大，所需的经费最多，其成果以专利设计、图纸、论证报告、专有技术、具有新产品基本特征的产品原型或具有新装置基本特征的原始样机为主要形式。

与上述的研究类型相对应，其相应的科技成果亦分为基础研究成果、应用研究成果和开发研究成果。软科学研究成果作为一种新的科技成果类型近年来受到越来越多的关注。软科学研究成果主要指为解决管理实践中出现的各种复杂的政治社会问题，提高决策的科学化和民主化水平，综合运用系统科学、决策科学、工程技术等多种知识研究各种社会环节之间内在规律所取得的研究成果，软科学研究成果一般以研究报告、咨询意见、政策备选方案、论文以及著作的形式体现。

不同学科之间以及不同研究类型之间存在着差异，如果无视这种差异，只用适合某一类科技成果的评价标准去评价所有的科技成果，必然造成对其他科技成果不公正的评价。

（2）对应用开发类研究成果转化情况的评价

由于我国当前的高校科技成果评价指标是在对自然科学基础研究成果评价基础上形成的，因此在高校科技成果评价中存在着对成果在实际社会经济生活中的应用情况重视不够的情况，① 特别是在应用开发类研究成果的评价中。科技成果的转化情况及科技成果在实际应用中取得的经济效益和社会效益是评价应用开发类研究成果的重要指标，高校科技成果评价不可只考查是否获奖、是否发论文，忽视项目的实用性，例如某款软件系统的开发能否真正被用户应用，操作界面是否友好方便，是否存在安全漏洞等问题都与实际应用相关。上述情况不仅在纵向课题中存在，在横向课题的评价中也依然如此，课题的实用性是客户即委托方所关注的。如果科技成果评价完成后，高校科技工作者的工作就算完成了，那么科技成果的开发与应用就是脱节的。

（3）不可言传知识

科学技术可分为科学和技术两种范畴，也可以分为可言传知识和不可言传知识。可言传知识是指易于被转变为话语、易于被记录下来、可以写成文

① 王雅芬：《改进和完善高校科研评价体系的思考》，《中国高等教育》2007 年第 Z3 期，第 51—53 页。

章和著作的形式进行传播的知识。不可言传知识，又称默会知识、内隐知识，是相对于显性知识而言的，它是一种只可意会不可言传的知识，是一种经常被使用却很难或不适合用语言文字来表达和传递的知识。我们往往用“技巧”和“诀窍”这两个词来指这些知识。[①] 想要清晰地表述这样的知识，即使可能，也常常是惊人的困难和昂贵。不可言传知识能在“边干边学”的过程中获得，可言传知识是有限的，现实生活中存在大量的不可言传知识。例如，医学原理可以用著作或论文的形式来传播和体现，是一种显性的存在，但手术技能就是不可言传知识，如果要掌握，必须靠个人天赋和日积月累的勤学苦练。

高校科研活动是一个可言传知识与不可言传知识不断生成和转化的过程，因此现高校科技成果评价指标选取不应只局限于那些容易被测量和评价的、显性的可言传知识，同时要对科技工作者掌握的实际科技动手能力、操作技巧等不可言传知识有相应的考核指标。

（4）对成果真实性的审查

我国高校科技成果评价中应加强对科技成果真实性的审查，数据是否真实可靠、是否涉嫌抄袭、项目主持者是否参与项目、项目其他参与者是否属于挂名、是否存在暗箱操作等。对高校科技成果进行评价最重要的就是客观公正，在所有指标中成果的真实性应该是最重要的指标，如果有弄虚作假行为，不只是科技活动或者经济活动的问题，更涉及法律责任的问题。现行高校科技成果评价中基本应有法律的参与，使科技活动中的学术造假成为极高成本的行为，坚决杜绝高校科技成果评价成为滋生学术腐败的土壤。

（5）客观的信息化指标

所谓信息化指标是指基于计算机及互联网技术的应用，用大数据云计算方式计算出的科技成果的引文数量、点击率、好评率、关联度、可信度、支持度、聚合度、关键词分析、相似度、重复度等各种各样的指标。在互联网技术飞速发展的今天，网络搜索早已成为人们获取信息最重要的手段。因此，新的高校科技成果评价指标应加强网络媒体的影响因子，有大数据支持的高校科技成果评价指标将会更客观、更易操作、更容易识别真伪。

2.2.2　指标权重设置问题

指标权重是对于各项指标重要程度的权衡和评价，反映了每一种指标对评价结果的不同重要程度。指标权重是随指标体系的变化而变化的，指标权

① 张茂聪、刘信阳、张晨莹、董艳艳：《创客教育：本质、功能及现实反思》，《现代教育技术》2016年第2期，第14—19页。

重的确定过程，其实就是对评价指标的重要性进行排序的过程。各个指标不同的权重设置会导致不同的评价结果，所以，评价指标权重的设计是高校科技成果评价中较为关键的一步，对于能否准确、客观地反映高校科技成果质量和水平起着至关重要的作用。

评价指标的权重设置存在一个指标关联度的问题，也就是常说的评价效度问题。理想的科技成果评价指标权重设置应该与评价对象的科研水平成正比，比例系数为 1，如图 3.4 中的直线 a。如果评价指标权重设置不当，则会出现区分度过低的现象，如图 3.4 中的曲线 b。对于两个科研能力差别很大的评价对象，区分度过低的指标会出现评价不出两者差别、拉不开距离的问题。

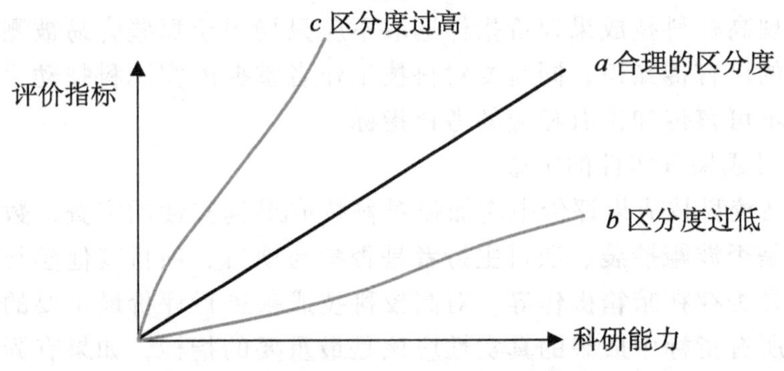

图 3.4　评价指标与原始信息之间的相关性

理论上看，评价指标权重设置不当，还会出现区分度过高的问题，如图 3.4 中的曲线 c。对科研能力比较接近的评价对象的评价结果差距过大，极限形式是实际水平差不多的科技成果，评价出的结果却是天壤之别，如图 3.5 所示。

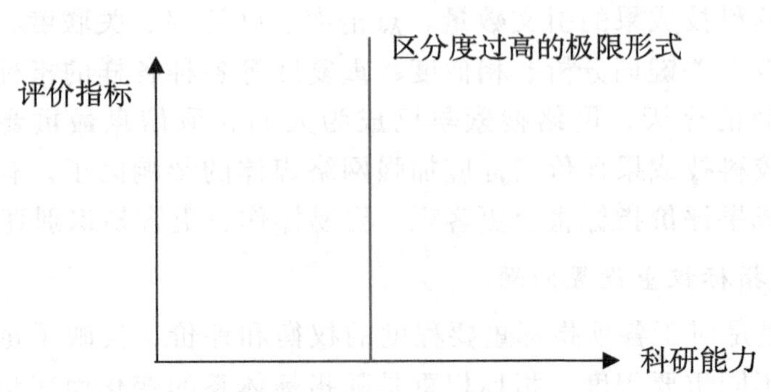

图 3.5　指标区分度过高的极限形式

这样的评价指标权重设置必然会因为指标区分度过大造成事实上的不

合理。

通过考察论文是不是发表在核心期刊上来间接判断高校科技成果质量的做法虽然在一定程度上能够为判断科技成果的质量提供借鉴意义，但是这种做法也不应是唯一的衡量标准。因为期刊的学术影响力是在综合考察该期刊在一定时间内所刊载的全部论文的被引用情况而计算出来的平均值，它不能反映每一篇论文的质量。①

由于语言和科技发展水平的限制，我国期刊入选 SCI、EI 和 ISTP 的占比不高，据统计，2013 年我国科技期刊达到 4944 种，同年被 SCI 收录的科技期刊仅为 139 种。② 我国许多优秀论文流向了国外 SCI 期刊，由于语言的限制，国内的科技工作者不能在第一时间获得这些科技信息，从而可能导致在一些科研领域重复投入，浪费宝贵的科技资源。③

2.3　用高阶信息评价低阶信息导致的信息不对称

高校科技成果评价的作用是发挥激励工具作用，被评价者向评价者提供成果水平信息，这便是被评价者（代理人、信源）发出评价者（委托人、信宿）希望看到的信号，从信息传递的角度看，高校科技成果评价、信息论中的信息传递模型以及信息经济学中的信息不对称理论（以委托代理关系作为分析框架）都可以被视作不同主体间的信息传递过程。

从信息传递模型的角度，可以把高校科技成果评价中采用的评价指标看作传递高校科技成果水平高低的信号 Y，高校科技成果评价指标体系一般以论文、项目、著作、专利为主。

根据信息处理的层次可以将信息分为低阶信息与高阶信息。凡具有统计性质的信息，如总数量、平均值、方差、分散度等，一般都可以称为高阶信息。同理，对于信息传递模型中作为传递信号的评价指标，也可以划分为一阶信号、二阶信号等。信号的阶数具有相对性，例如如果以论文本身作为一阶信号，论文数量就是二阶信号，如果以高校教师的科研能力作为一阶信号，发表的论文就是二阶信号，论文发表后可能会被引用，引文数量属于三阶信号，期刊的级别就成为四阶信号。信号每次经过处理都会产生信息失真。信号的多阶传递过程如图 3.6 所示。

---

① 刘红玉、姚真真、陆倩倩：《“核心期刊”学术评价功能性探析》，《内蒙古科技与经济》2014 年第 12 期，第 124—125 页。

② 徐畅：《要顶级论文，更要顶级期刊》，《光明日报》2015 年 8 月 14 日。

③ 庞龙、张培富、杨立英：《引文分析方法在国内外应用的比较研究》，《山西大学学报（哲学社会科学版）》2006 年第 3 期，第 134—137 页。

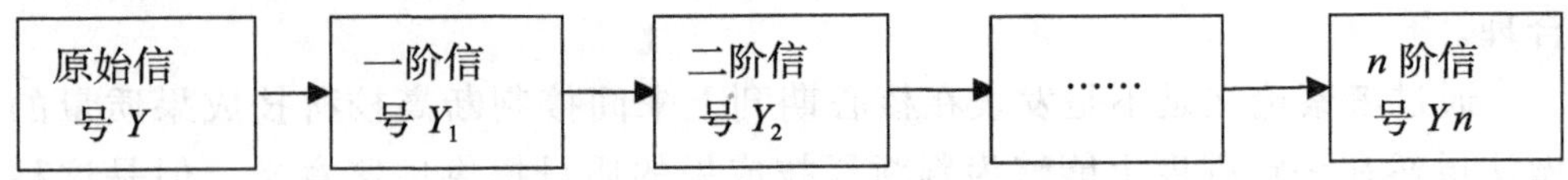

图 3.6　信号的多阶传递模型

下面用信息论的观点研究为什么信号的多阶传递会导致信号失灵。根据信息不增原理，当信息经过多级处理后，随着处理级数的增多，输入信息和输出信息之间的平均信息量趋于变小，即数据的处理或者传递过程中只会失掉一些信息，绝不会创造出新的信息。将信息不增原理应用在高校科技成果评价中，以论文信号的二阶传递为例，如图 3.7 所示，该图上标识了信号传递和信息甄别的两个互为相反的过程。信号传递与信息甄别的方向是相反的，信号传递是 Y 发出信号传递给 Y_1，信息甄别是 Y_1 通过一定的手段来考查信源 Y 的可靠度。这两者会发生信号传递成本和信息甄别成本。在这个信息传递过程中，$I(Y, Y_2) \leq I(Y, Y_1)$，说明用二阶信息职称 Y_2 来考查科研水平 Y 的信息量≤用论文 Y_1 考查科研水平 Y 的信息量。由于中间处理层次的增多导致信息的可信度下降，这种下降是很难恢复的。

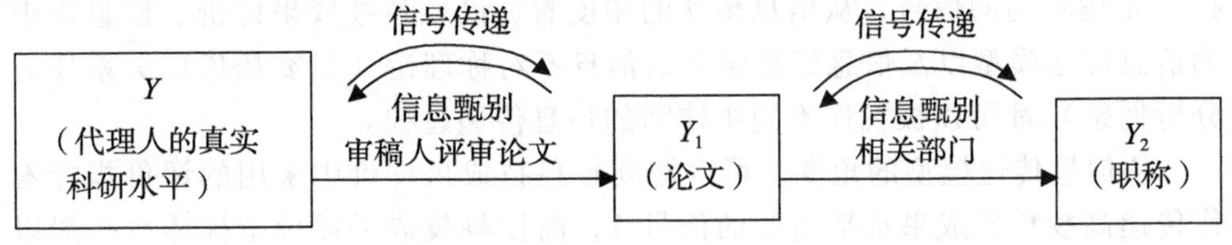

图 3.7　信号的两次处理

用高阶信息评价低阶信息导致的信息失真或者说信息不对称可以从两个方面来考虑，一个是指标量化导致的信息失真，另一个是忽略指标离散度导致的信息失真，如图 3.8 所示。

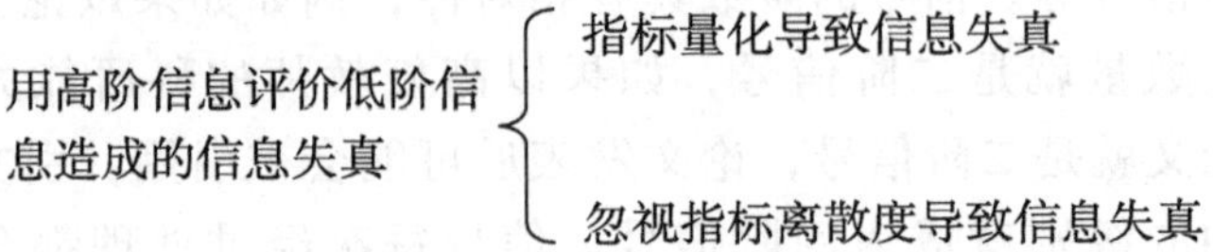

用高阶信息评价低阶信息造成的信息失真
- 指标量化导致信息失真
- 忽视指标离散度导致信息失真

图 3.8　信息失真的类型及原因

2.3.1　指标量化导致信息失真

指标量化是指将连续变量换算处理为数字量的方法。例如，将分数 0～59 量化为不及格，60～69 量化为及格，70～79 量化为中，80～89 量化为良，90～100 量化为优，这种量化的结果就产生了误差，原来的分数为一阶信息，数值量化后优、良、中、及格和不及格为二阶信息。用二阶信息评价一阶信息会产生信息失真。例如，考虑一种极端形式，只有两个评价等级，大于等于60分为及格，小于60分为不及格。甲的两门课程考试分数分别为60分和0分，则考核结果为及格、不及格，这时甲的平均分为30分；乙的两门课程考试分数分别为59分和59分，乙的考核结果为不及格、不及格，乙的平均分为59分。如果用平均分或总分来对甲和乙进行评价，乙胜出；如果用量化后的指标对甲和乙进行评价，则甲胜出。量化后的二阶信息导致了误差的产生。

高校科技成果评价中采用了大量的数值量化方法，可能存在信号传递失灵，具体表现在如下几个方面：

（1）科研课题的进款额量化

科研课题的原始信息是一个连续分布的数值量，如果按照科研课题的进款数额将课题量化为若干级别，规定只有达到某一数量级别才符合评价要求，就有可能会出现信息失真问题。

（2）科研成果级别的量化

把期刊、科研项目、科研成果、学生竞赛与课外科技实践活动、科技成果奖励、课程建设、教改立项等量化成国家级、省部级、市厅级、校级四个等级，并把达到某一级别作为唯一评价标准，就会产生信息失真的风险。

（3）评价指标权重的量化

以期刊为例，评价指标权重的排序大致为国外期刊 > 被 SCI、CSSCI、EI 收录的国内核心期刊 > 核心期刊 > 普通期刊。同一内容的文章用英文在国外刊物发表的评价权重要高于用中文在国内期刊发表，在核心期刊上发表的评价权重要高于普通期刊，核心期刊成了稀缺资源。

以高校科技成果评价中的评价指标 SCI 引用率为例，由于不同学科的期刊数量、学科半衰期、研究人员数量、读者数量、引证习惯以及学科自身特点等不尽相同，导致不同学科论文之间的 SCI 引用率根本不具有可比性。[①] 像物理、化学、生物学这样的学科，引用率一般都很高，出现被上百次引用的情况也不少见。而像数学、天文学、地学、植物学这样的学科，论文引用情况相对来说就会少很多，[②] 这属于学科间的差异问题，无关乎论文质量。此外，一些综合性和交叉学科期刊因为登载的论文学科分散而难以进入专业

---

① 祁延莉、窦曦骞、夏汇川：《SCI 量化评价功能的局限性及其修正》，《情报理论与实践》2009 年第 9 期，第 48—52 页。

② 傅恒、赵志强：《SCI 与高校学报评价的探讨》，《中国科技期刊研究》2004 年第 1 期，第 15—18 页。

核心期刊表，一些新兴学科的期刊也因数量过少，难以形成“核心区”而与核心期刊无缘。①

2.3.2 忽视指标离散度导致信息失真

离散度是描述数值变量频数分布的一个指标，它表示一组数据偏离平均值的程度，一般用方差或标准差来衡量。方差或标准差越大失真就越严重。如图3.9中，甲、乙两个班，用平均值来衡量个人的高度，甲班的偏差要大于乙班的偏差，因为甲班的数据离散度要比乙班大。

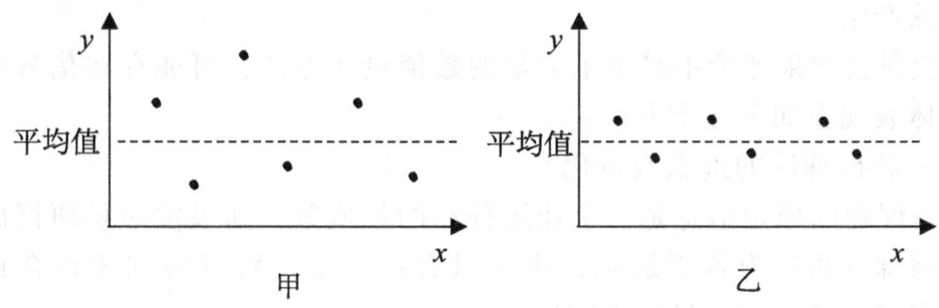

图3.9 数据离散度对信息失真的影响

如果每个班级只有一个人，那么用二阶信息评价一阶信息就是准确的，如果全班的身高完全一样，那么二阶信息与一阶信息也是一样的。但如果全班身高不同，用平均身高这个二阶信息评价班级里某个同学具体身高这个一阶信息时，评价甲班的信息失真的程度要高于乙班，因为甲班同学身高数据的离散度比乙班大。也就是说，用平均值这个二阶信息评价一阶信息时，原始信息的离散程度会对信息失真的大小产生影响。

期刊影响因子是某期刊前两年发表的论文在该报告年份（JCR year）中被引用总次数除以该期刊在这两年内发表的论文总数，简单地说，就是一份期刊中的文章在过去两年中被引用的平均次数。这种算法存在着一定的误差。

在高校科技成果评价中，由于科技成果质量离散程度的存在，用高阶信息评价低阶信息同样会对评价结果产生影响。虽然论文间的质量是存在一定离散度的。由于科技成果质量离散度在高校科技成果评价过程中容易被忽略，所以论文质量的离散度越大，评价结果存在的误差就越大。

① 杨一琼：《核心期刊的学术评价功能及其局限性研究》，《绍兴文理学院学报（哲学社会科学）》2005年第1期，第118—120页。

3. 我国高校科技成果评价中信息不对称问题原因的实证分析

3.1　样本与数据来源

本次调查问卷的样本分布情况如表3.1所示。

表3.1　我国高校科技成果评价调查问卷样本分布情况

指标	类别属性	数量	百分比
学历	博士	265	36.4
	硕士	400	55
	本科及以下	63	8.7
职称	初级	48	6.6
	中级	325	44.6
	副高级	252	34.6
	高级	103	14.2
工作时间	少于1年	36	5
	1－5年	95	13.1
	5－10年	128	17.6
	大于10年	469	64.4
学校层次	“985”院校	41	5.6
	“211”院校	44	6
	一般本科院校	518	71.2
	独立学院	76	10.4
	高职高专	49	6.7
学科专业分布	文史哲类	74	10.2
	艺术类	13	1.8
	理工类	184	25.3
	农医类	41	5.6
	经管类	250	34.3
	法学类	41	5.6
	教育类	76	10.4
	其他	49	6.7

说明：为保证问卷答案之间的周延性，很多问题都设计了“不清楚”选项，因此许多指标数据相加≤100%。

资料来源：腾讯问卷平台统计得出。

为全面了解我国高校科技成果评价中的信息不对称问题，以及高校科技工作者对当前我国高校科技成果评价的意见，本书设计了《我国高校科技成果评价调查问卷》，对我国高校科技成果评价中的信息不对称问题进行了相关调查，问卷分为两个部分，第一部分主要收集受访者的基本信息，例如所属高校的层次、学科和专业类别等信息；第二部分主要针对我国高校科技成果评价现状、存在的问题及其原因。本次问卷调查采用腾讯公司的专业在线问卷调查平台进行，问卷编号1405452。调查问卷的发放对象为从事教学与科研工作的高校教师（不包括行政管理人员）。为保证问卷的回答质量，问卷主要是通过在高校工作的同学、老师、同事和朋友这种熟人关系发放的，由于问卷涉及的问题对地域限制并不明显，所以，本次调查问卷是面向全国发放的，问卷浏览量2048次，共回收问卷728份，其中有效问卷723份，问卷有效回收率为99.3%，符合设计要求和数据分析要求。从回收情况看，本次调查覆盖全国28个省级行政单位，其中辽宁省回收的问卷数量最多，达到460份。指标赋值采用5级李克特量表赋值方法，非常严重计5分，比较严重计4分，不清楚计3分，不太严重计2分，基本没有计1分。问卷回收后，用SPSS21.0对数据进行处理和统计分析。

3.2 描述性统计分析

高校科技成果作为高校科技工作者科研活动的结晶，其表现形式在一定程度上能够反映出高校科技成果评价的价值导向。如图3.10所示，在调查问卷的第8题（您所在学科（专业）科技成果的主要形式有哪些?）中，有92.9%的高校教师选择了“论文”这一成果形式，47.8%的高校教师选择

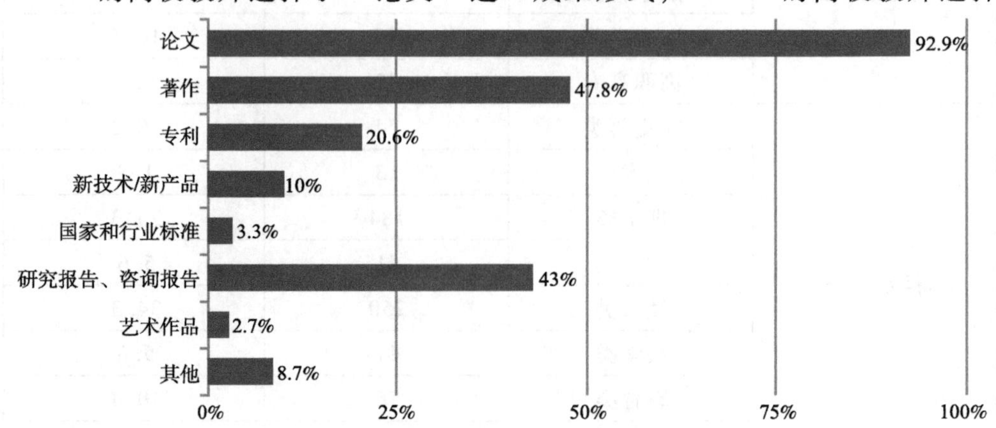

图3.10 高校科技成果的表现形式

资料来源：腾讯问卷平台统计得出。

了“著作”，而选择“专利”、“新技术/新产品”和“国家和行业标准”的比例则只有20.6%、10%和3.3%，这一选择比例与本次调查问卷中第9题（您申请的科研课题在结题时主要看中以下哪些成果?）的结论基本相同，如图3.11所示。此外，值得一提的是，在第9题中明确提出的“成果转化及应用情况”选项中，选择的比例也仅仅有25.3%。说明当前我国高校科技成果的表现形式更多的还是集中在理论成果上，而应用性成果所占的比例还很小。

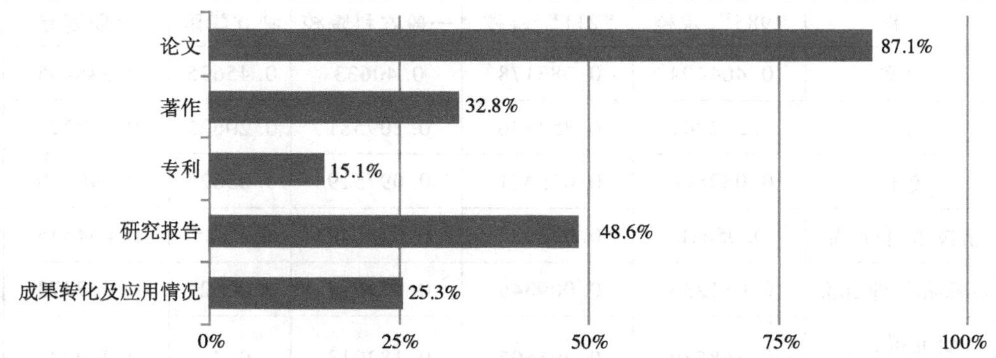

图3.11　科研课题结题时重视的成果类型

资料来源：腾讯问卷平台统计得出。

3.3　假设与检验

3.3.1　提出假设

本书提出以下2个假设。

假设1：在本书的研究中，首先面临的一个实际问题就是不同层次和类别的高校在科技成果表现形式上是否存在差异，如果存在差异就意味着不同层次和类别的高校在高校科技成果评价标准和评价方法上是不同的，相应地就需要对不同层次和类别的高校在科技成果评价中存在的信息不对称问题进行具体的分析；反之，对高校科技成果评价中信息不对称问题的分析则可采取大一统式的分析。因此，本书提出两个相互对立的假设：

H_0：高校层次与科技成果类型无关

H_1：高校层次与科技成果类型有关

假设2：在探讨完高校层次在科技成果表现形式上是否存在差异后，另一个需要明确的问题就是学科（专业）类别在科技成果表现形式上是否存在差异，如果存在差异就意味着对不同学科（专业）的科技成果应按照不同的评价标准进行评价。因此，本书提出两个相互对立的假设：

H_0：学科（专业）类别与高校科技成果类型无关

H_1：学科（专业）类别与高校科技成果类型有关

3.3.2 假设1的检验

由统计数据得到不同层次高校在科技成果形式上的概率分布，如表3.2所示。

表3.2 不同层次高校在科技成果形式上的概率分布

类别	"985"院校	"211"院校	一般本科院校	独立学院	高职高专
论文	0.404494	0.383178	0.40633	0.45625	0.345455
著作	0.202247	0.252336	0.209581	0.20625	0.172727
专利	0.089888	0.065421	0.097519	0.05625	0.090909
新技术/新产品	0.05618	0.028037	0.047049	0.0125	0.054545
国家和行业标准	0.011236	0.009346	0.014542	0.00625	0.027273
研究报告、咨询报告	0.168539	0.205607	0.183918	0.2	0.209091
艺术作品	0.011236	0.028037	0.010265	0.0125	0.018182
其他	0.05618	0.028037	0.030796	0.05	0.081818

资料来源：由Excel软件计算得出。

通过不同层次高校在科技成果形式上的概率分布情况，可以绘制出高校层次与高校科技成果形式之间关系的雷达图。从高校层次与高校科技成果形式之间关系的雷达图上，可以看出不同层次高校在高校科技成果形式上表现出一致性。

为进一步分析高校层次与高校科技成果形式之间的关系，本书利用SPSS软件对高校层次与高校科技成果形式之间的关系进行了方差分析，计算结果如表3.3所示。

表3.3 高校层次与高校科技成果形式的方差分析

类别	方差和	自由度	平均平方值	*F*检验统计量	显著度
组间	0.334	7	0.048	0.467	0.859
组内	73.137	715	0.102		
总和	73.472	722			

资料来源：由SPSS软件计算得出。

该表中，组间方差为0.334，自由度为7，均方差为0.048；组内方差为73.137，自由度为715，均方差为0.102。F统计量值为0.467，显著性水平$\alpha=0.05$，临界值$F_{0.05}$（7，715）=2.29，由于F统计量值满足1/2.29 < 0.467 < 2.29，所以接受原假设，即认为高校层次与科技成果类型无关。

3.3.3　假设2的检验

利用SPSS软件对学科类型与高校科技成果表现形式之间的关系进行方差分析，计算结果如表3.4所示。该表中，组间方差为3.055，自由度为7，均方差为0.436；组内方差为151.164，自由度为715，均方差为0.211。F统计量值为2.064，显著性水平$\alpha=0.1$，临界值$F_{0.1}$（7，715）=2.01，由于F统计量值满足2.064 > 2.01，所以拒绝原假设，即认为学科类别在高校科技成果类型上存在显著差异。

表3.4　学科类型与高校科技成果表现形式的方差分析

类别	方差和	自由度	平均平方值	F检验统计量	显著度
组间	3.055	7	0.436	2.064	0.045
组内	151.164	715	0.211		
总和	154.219	722			

资料来源：由SPSS软件计算得出。

3.4　高校科技成果评价中信息不对称问题原因的Logistic回归分析

高校科技成果评价中信息不对称问题的成因主要来自三个方面：由结构性因素导致的信息不对称、高校科技成果评价中主观信息评价客观信息、用高阶信息评价低阶信息加剧高校科技成果评价中的信息不对称问题，其中结构性因素属于原生的、客观存在的导致信息不对称的原因。本书要给予重点分析的是高校科技成果评价中主观信息评价客观信息、用高阶信息评价低阶信息导致的高校科技成果评价信息不对称加剧的问题。

3.4.1　自变量与因变量

本书将高校科技成果评价体制用主观信息评价客观信息、用高阶信息评价低阶信息加剧高校科技成果评价中信息不对称问题的诸多因素进行归纳。a_1为忽视不同学科的特点，a_2为忽视不同成果类型之间的差异，a_3为忽视对应用类成果的转化，a_4为忽视对成果真实性的审查，a_5为忽视不可言传知识，a_6为缺少信息化指标，a_7为数量与质量问题，a_8为纵横向课题的选取，a_9为重视*SCI*论文发表量，a_{10}为期刊选择（国内），a_{11}为中外期刊选择，a_{12}为科研成果与教学改革成果问题，a_{13}为论著发表（或出版）问题，a_{14}为科研项目立项与成果价值问题。

由于自变量中设计了14个指标，将这些指标都作为自变量会导致模型过于复杂，也不利于对计算结果的解释。此外，由于这些指标之间往往存在着多重共线性，也不适合强行实行 Logistic 回归分析。主成分分析是解决多重共线性问题的常用方法。对自变量中的14个指标进行主成分分析(PCA)，最终得到两个因子，如表3.5所示。

表3.5　加剧我国高校科技成果评价中信息不对称问题因素的主成分分析

因子成分	初始特征值			提取载荷平方和		
	总变异	方差百分比（%）	累积比率（%）	总变异	方差百分比（%）	累积比率（%）
1	9.039	64.567	64.567	9.039	64.567	64.567
2	1.095	7.82	72.386	1.095	7.82	72.386
3	0.766	5.473	77.859			
4	0.546	3.904	81.763			
5	0.511	3.646	85.409			
6	0.445	3.178	88.588			
7	0.302	2.154	90.741			
8	0.269	1.922	92.663			
9	0.259	1.853	94.516			
10	0.222	1.586	96.102			
11	0.182	1.302	97.404			
12	0.151	1.080	98.484			
13	0.129	0.922	99.407			
14	0.083	0.593	100			

提取方法：主成分分析法

资料来源：由 SPSS 软件计算得出。

经过主成分分析，选取系数大于1的2个成分，其载荷系数如表3.6所示。利用载荷系数对自变量涉及的14个指标进行加权平均，得到2个因子，作为下一步进行 Logistic 方程回归分析的自变量。

表 3.6　自变量因子载荷表

问题	因子成分	
	因子 1	因子 2
学科类型差异	0.778	0.175
成果类型差异	0.807	0.271
对应用类成果的转化	0.788	0.301
成果真实性审查	0.739	0.451
不可言传知识	0.812	0.131
信息化指标	0.74	0.348
数量与质量	0.836	0.152
纵、横向课题选取	0.799	-0.075
SCI 论文数量	0.828	-0.227
期刊选择（国内）	0.85	-0.303
中外期刊选择	0.791	-0.248
科研成果与教学改革成果	0.752	-0.467
论著发表（或出版）	0.876	-0.127
科研项目立项与成果价值	0.839	-0.301

Undefined error #11401 - Cannot open text file "D:\PROGRA~1\IBM\SPSS\STATIS~1\21\lang\en\spss.err":
a. 2 components extracted.

资料来源：由 SPSS 软件计算得出。

经典的信息不对称理论认为信息不对称会导致逆向选择，由此可以推论，如果高校科技成果评价中的逆向选择问题越严重，就说明高校科技成果评价中的信息不对称问题越严重。如表 3.7 所示。

表 3.7　信息不对称程度表征指标的主成分分析

因子成分	初始特征值			提取载荷平方和		
	总变异	方差百分比（%）	累积比率（%）	总变异	方差百分比（%）	累积比率（%）
1	6.325	63.255	63.255	6.325	63.255	63.255
2	1.198	11.983	75.238	1.198	11.983	75.238

续表

因子成分	初始特征值			提取载荷平方和		
	总变异	方差百分比（%）	累积比率（%）	总变异	方差百分比（%）	累积比率（%）
3	1.006	10.064	85.303	1.006	10.064	85.303
4	0.313	3.135	88.437			
5	0.296	2.962	91.399			
6	0.235	2.346	93.745			
7	0.207	2.075	95.82			
8	0.193	1.931	97.751			
9	0.14	1.405	99.156			
10	0.084	0.844	100			

提取方法：主成分分析法

资料来源：由 SPSS 软件计算得出。

3 个主成分的载荷系数如表 3.8 所示。在 3 个主成分中，因子 1 的方差贡献率占到 63%，而因子 2 和因子 3 的累计方差贡献率还不到 30%，因此只保留因子 1。用因子 1 的载荷系数对因变量的原始数据进行加权平均，均值大于 3 为信息不对称程度较高，赋值为 1，均值小于 3 为信息不对称程度较轻，赋值为 0，作为下一步进行 Logistic 方程回归分析的因变量。

表 3.8 因变量因子载荷表

问题	因子成分		
	1	2	3
学风问题	0.793	0.22	-0.426
科研成果问题	0.881	0.123	-0.21
个人价值因素	0.831	0.18	-0.395
教学与科研关系	0.807	0.08	-0.337
学术道德问题	0.821	-0.383	0.258
数据信息问题	0.865	-0.329	0.206
一稿多投	0.807	-0.341	0.084
科研成果归属权	0.812	-0.39	0.13

续表

问题	因子成分		
	1	2	3
结题验收问题	0.618	0.547	0.476
评审问题	0.681	0.523	0.39

Undefined error #11401 - Cannot open text file "D:\PROGRA~1\IBM\SPSS\STATIS~1\21\lang\en\spss.err":

a. 3 components extracted

资料来源：由 SPSS 软件计算得出。

3.4.2 模型检验

对自变量和因变量的原始数据进行整理后，得到 2 个自变量因子和 1 个因变量，形成新的数据，对数据进行卡方检验，结果如表 3.9 所示。显著度趋于 0，卡方统计量远大于临界值 10.597，显示该模型卡方检验具有统计显著性，可以进行下一步计算。

表 3.9　起始模型卡方检验

		卡方检验	自由度	显著度
第一步	分布	60.03	2	0
	分组	60.03	2	0
	整体	60.03	2	0

资料来源：由 SPSS 软件计算得出。

从表 3.10 可知，本 Logistic 回归模型采用因子 1 和因子 2 对高校科技成果评价中信息不对称程度进行解释的数据拟合优度为 77.7%，说明回归方程所描述的自变量和因变量之间的关系和实际情况非常符合。

表 3.10　最终模型的拟合优度检验

步骤	(−2) 倍的对数似然函数的值	R 方值	拟合优度
1	25.156[a]	0.407	0.777

a. Estimation terminated at iteration number 8 because parameter estimates changed by less than 0.001

资料来源：由 SPSS 软件计算得出。

115 份有效问卷经最终观测量分类统计，观测值为 0 的问卷为 14 份，其中 11 份问卷与预测值相符，3 份问卷与预测值不相符，预测准确度为 78.6%。同理，观测值为 1 的问卷为 101 份，其中 99 份问卷与预测值相符，

2 份问卷与预测值不相符，预测准确度为98%，总体准确度为95%，说明选择进入方程的变量统计都是显著的，如表3.11所示。

表3.11 最终观测量分类表

观测值			标准化预测值		
			信息不对称因子		预测准确度
			0	1	
第一步	信息不对称因子	0	11	3	78.6
		1	2	99	98
	总体准确度				95.7

a. 以0.5作为概率的切分

资料来源：由SPSS软件计算得出。

Logistic 回归模型中的因变量的取值为0和1，假设在 n 个独立自变量 x_1，x_2，…，x_n作用下，因变量 y 取1的概率为 p，取0的概率为 $1-p$，定义事件的优势比为 $p/(1-p)$，建立 $\ln\left(\frac{p}{1-p}\right)$与自变量的线性回归模型如下：

$$\ln\left(\frac{p}{1-p}\right)=\beta_0+\beta_1x_1+\cdots+\beta_nx_n+\varepsilon$$

其优势比满足：$\frac{p}{1-p}=e^{\beta_0+\beta_1x_1+\cdots+\beta_nx_n+\varepsilon}$

由于本模型中的自变量经过主成分分析后只有 x_1 和 x_2 两个变量，因此本书中的 Logistic 回归模型如下：

$$\frac{p}{1-p}=e^{\beta_0+\beta_1x_1+\beta_2x_2+\varepsilon}$$

由前面计算出来的结果可以得到 Logistic 回归最终模型统计量，如表3.12所示。

表3.12 Logistic 回归最终模型统计量

		偏回归系数	标准误	卡方值	自由度	显著度	优势比
第一步[a]	c1 类别	4.454	1.201	13.748	1	0	85.988
	c2 类别	0.05	0.028	3.215	1	0.073	1.051
	常数	-13.9	4.014	11.988	1	0.001	0

a. 自变量的因子1和因子2由调查问卷第13题中的14个子问题通过主成分分析得到。

资料来源：由SPSS软件计算得出。

其中 $\beta_0=-13.9$，$\beta_1=4.454$，$\beta_2=0.05$，由此得到 Logistic 回归模

型为：

$$\frac{p}{1-p} = e^{-13.9 + 4.454x_1 + 0.05x_2 + \varepsilon}$$

根据 Logistic 回归模型可知，当自变量的因子 1 增加一个单位时，信息不对称程度增加 $e^{4.454} = 85.988$ 倍；当自变量的因子 2 增加一个单位时，信息不对称程度增加 $e^{0.05} = 1.051$ 倍。该模型中自变量的因子 1 和因子 2 是由调查问卷第 13 题中的 14 个子问题通过主成分分析得到的，各子问题在因子 1 和因子 2 中的载荷系数如表 3. 10 所示。整体上来看，因子 1 的载荷系数都大于因子 2 的载荷系数，说明因子 1 在回归方程中占主导地位。此外，14 个子问题在因子 1 中的载荷系数大体相当，说明本书选择的 14 个指标对信息不对称问题的影响相当。

至此，本书提出的“行政主导的高校科技成果评价体制用主观信息评价客观信息、用高阶信息评价低阶信息会加剧我国高校科技成果评价中的信息不对称问题”这一因果关系判断，通过 Logistic 回归分析得到证实。此外，根据实测数据求解模型的各个参数表明，本研究获得的回归模型能够非常好地拟合实测数据，拟合度达到 77. 7%。因此，可以利用该模型做进一步的预测工作。

第四章　高校科技成果评价信息不对称问题导致的后果

1. 高校科技工作者行为的逆向选择

在高校科技成果评价活动中，评价作为评价主体对评价对象所具有价值的判断活动，是一个不断克服评价主、客体之间信息不对称问题的过程。由于高校科技成果的水平高低都是高校科技工作者的私有信息，委托人很难进行准确、全面的了解。

1.1　逆向选择问题的理论模型

1.1.1　模型的基本假设

在高校科技成果评价活动中，活动的主体是高校科技成果的评审者和高校科技工作者。考虑到评价过程的实际情况以及研究方便，本书做出如下假设：

假设1：双方都是为了追求自身利益最大化而进行理性决策；

假设2：假设用 X 表示高校科技成果的实际质量，用集合 $X=\{x_1, x_2\}$ 来表示，其中 x_2 代表高质量的高校科技成果，x_1 代表低质量的高校科技成果。用 $C(X)$ 表示完成高校科技成果对应的投入成本，$C(x_1)$ 表示低质量成果的投入成本，$C(x_2)$ 表示高质量成果的投入成本，其中 $C(x_1)<C(x_2)$；

假设3：用 $Y=\{y_1, y_2\}$ 代表对高校科技成果评价结果的集合，其中 y_2 代表高评价，y_1 代表低评价。用 $W(Y)$ 表示与科技成果完成质量对应的奖励水平，用 $W(y_1)$ 表示低评价结果的奖励水平，$W(y_2)$ 表示高评价结果的奖励水平，其中 $W(y_1)<W(y_2)$；

假设4：由于高校科技成果完成质量对于委托人来说是私有信息，委托人无法完全了解成果完成的质量，假设所有的高校科技成果中高质量和低质量各占一半。由于信息不对称会导致成果的真实质量和最后的评价之间的不一致，低质量科技成果受到好的评价和高质量科技成果受到好的评价的概率都为0.5；

假设5：假设只有高校科技工作者了解成果完成质量的好坏，而委托人或者评审专家只能通过高校科技工作者传递的信号对高校科技成果质量进行判断。

1.1.2　逆向选择模型的建立

根据模型假设，高校科技成果的真实质量包括两个水平，x_1和x_2分别代表低质量的科技成果和高质量的科技成果；高校科技成果评价结果也包含两个水平，y_1和y_2分别代表低评价和高评价，他们之间的关系是$C(x_1) < C(x_2)$，$W(y_1) < W(y_2)$。高校科技工作者追求的是获得收益$R(X)$的最大化，其收益函数为：

$$R(X) = W(Y) - C(X) \tag{5-1}$$

其中，完成低质量成果的收益函数为：

$$R(x_1) = 0.5(W(y_2) - C(x_1)) + 0.5(W(y_1) - C(x_1)) \tag{5-2}$$

完成高质量成果的收益函数为：

$$R(x_2) = 0.5(W(y_2) - C(x_2)) + 0.5(W(y_1) - C(x_2)) \tag{5-3}$$

1.1.3　信息对称情况下的帕累托最优

首先讨论假设在信息对称的情况下会产生什么结果，以此与信息不对称的情况进行比较。假设高校科技成果的真实水平不再是高校科技工作者的私有信息而是共有信息，委托人对高校科技成果的真实水平完全了解，那么对成果的评价结果会与成果的真实水平一致。如果不存在信息不对称，高校科技成果的真实水平和评价结果完全一致。在信息对称的情况下，高水平的科技成果获得高的评价，高校科技工作者有充分的积极性高水平完成科技成果，并获得相应的高评价；委托人对高校科技成果的真实水平也进行了真实的评价，双方都实现了帕累托最优。

1.1.4　信息不对称情况下的逆向选择

在信息不对称情况下，高校科技成果的完成质量对于委托人来说是私有信息，委托人无法知道成果完成质量的好坏，只有高校科技工作者知道成果完成质量的好坏，而委托人或者评审专家只能通过高校科技工作者传递的信号对高校科技成果质量进行判断。高校科技工作者可以选择高质量地完成科技成果也可以选择低质量地完成科技成果，根据公式（5-2）和（5-3），很容易得出$R(x_1) > R(x_2)$，即完成低质量科技成果的收益大于完成高质量科技成果的收益，高校科技工作者具有低质量完成科技成果的激励条件，容易出现逆向选择风险。

1.2　逆向选择问题的现实表现

我国高校科技成果评价中的“逆向选择”在总体上呈现出一种逐级递进

的特征，每一级的“逆向选择”都会淘汰一部分优秀的高校科技工作者及其成果，具体表现如图 4.1 所示，这个逆向选择过程从右下角开始，逐渐向左上角递进。

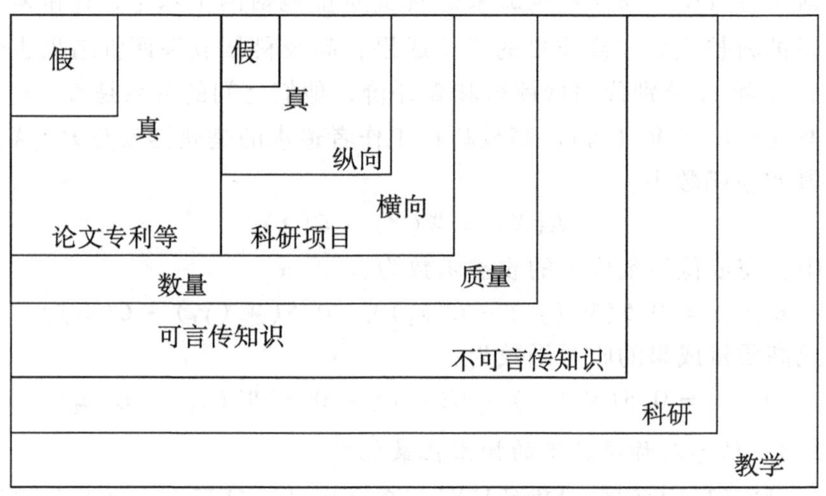

图 4.1　各种逆向选择的递进关系图

1.2.1　科研与教学

人才培养职能是高校区别于科研机构的关键，也是高校赖以生存与发展的根本。高校教师除了要进行科研活动以外，一般都要承担一定的教学任务。高校科技成果与其他科技成果最大的区别就在于产生高校科技成果的科研活动是教学活动的构成要素和教学过程的延伸。高校科研活动的首要任务是为人才培养和教学服务，即用科研活动中产生的新知识、新技术进行专业改造、课程改革或教学内容的更新，改变传统的教学手段和方法，形成新的学科、理论和观点，而且高校教师从事科研活动的动机也在于提高所传授知识的科技含量，对高校来说，根本不可能抛开教学来谈科研。

如果高校只看重科研成果，忽视教学和教学改革研究成果，会造成对在教学上投入大、在科研上投入小的教师的逆向选择。这样的情况会使高校教师在教学和教学改革上投入减少，此种逆向选择过程如图 4.2 所示，长此以

图 4.2　科研与教学的逆向选择

往，高校的教学质量和人才培养功能必将受到损害。

1.2.2　可言传知识与不可言传知识

高校科技成果评价指标选取如果只针对那些容易被测量和评价的、显性的可言传知识，比如论文、著作、专利等，而对科技工作者掌握的实际科技动手能力、操作技巧等不可言传知识重视不够的话，会导致那些动手能力强但不擅长可言传知识的高校科技工作者被排斥在科技成果评价体制之外，如图 4.3 所示。

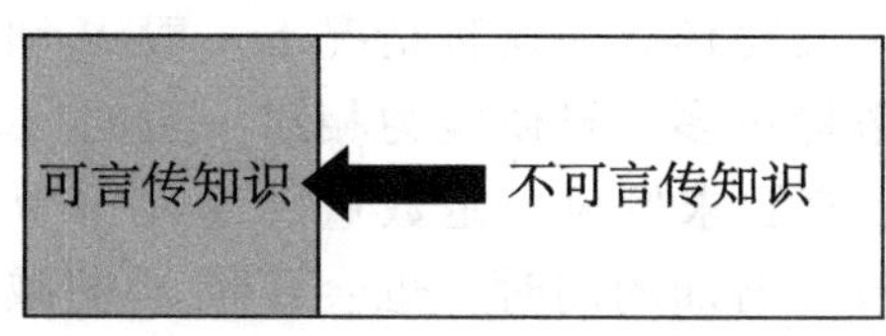

图 4.3　知识类型的逆向选择

现实经验表明，一些在学徒训练和工程研究中强调内行工作经验的行业普遍更好地使用着技能性知识，也取得了令人羡慕的科技成果。

忽视不可言传知识很大程度上是由不可言传知识难以考核造成的，既然要对科技成果进行评价，就需要有评价指标，这些评价指标需要进行定量。

1.2.3　数量与质量

理论上看，重视对高校科技成果数量的评价实现了高校科技成果评价的量化考核目标，也关注了科技成果的产出情况，但这种评价要结合高校科技成果质量的考核，不然对定量评价方法的理解也是肤浅的和形式主义的。

以论文为例，本节讨论的前提是假设论文数量并不完全代表一个人的科研能力。论文数量的集合用 $X=\{x_1, x_2\}$ 来表示，其中 x_1 代表论文数量多的人，x_2 代表论文数量少的人，用 $Y=\{y_1, y_2\}$ 代表个人能力的集合，其中 y_1 代表科研能力高的人，y_2 代表科研能力相对一般的人，它们之间的关系可以用一个概率矩阵来表示如下：

$$P = \begin{array}{c} \\ x_1 \\ x_2 \end{array} \begin{array}{c} \begin{array}{cc} y_1 & y_2 \end{array} \\ \begin{pmatrix} \lambda_1 & 1-\lambda_1 \\ 1-\lambda_2 & \lambda_2 \end{pmatrix} \end{array}$$

其中 $0 \leqslant \lambda_1 \leqslant 1$，$0 \leqslant \lambda_2 \leqslant 1$

该概率矩阵的含义是论文数量多的 x_1 的人群中高水平的人 y_1 所占的比例为 λ_1，而相对能力一般水平的人 y_2 占的比例为 $1-\lambda_1$，论文数量少的 x_2 人群中，相对能力一般的人占 λ_2，能力高的人占 $1-\lambda_2$。如果论文水平完全表征个人的科研能力，则 λ_1 和 λ_2 都为 1。其概率分布如下：

$$P = \begin{bmatrix} 1 & 0 \\ 0 & 1 \end{bmatrix}$$

但由于论文数量与科研能力并不完全线性相关，也就是说存在着科研能力一般的人也会写很多科研论文，因此必然会存在 $\lambda_1 < 1$，$\lambda_2 < 1$ 的现象。虽然 λ_1 和 λ_2 的数量大小并不确定，但在无量化考核指标和有量化考核指标的情况下，λ_1 和 λ_2 的数量转化趋势是可以确定的。

无量化考核指标约束是指没有论文数量要求的情况下高校科技工作者自发进行的科技活动和论文写作。在这种情况下一般 λ_1 和 λ_2 都趋向于 1，即科研能力高的人，论文数量也多；科研能力相对一般的人，论文数量也少。

量化考核指标是指有要求发表一定数量的论文作为考核指标。在规定指标的影响之下，论文数量增加的同时，也会导致 λ_1 的减小，也即高水平论文数量的比重减小。

下面用斯彭斯的劳动力市场的信号传递模型来分析高校科技成果评价重数量轻质量产生的逆向选择问题，如图 4.4 所示。

假设规定完成 x^* 数量以下论文的，只给予 w_1 水平的奖励，完成 x^* 数量以上论文的，给予 w_2 水平的奖励，这时，写论文成本高的人会维持在原点，此时获利为 a，而论文高手会维持在 x^*，此时获利为 c。

如果只用论文数量作为评价标准，甄别出的是写论文成本低与写论文成本高的两类人群，写论文成本低的人胜出，问题是写论文成本低因此论文数量多的人并不一定是实际科技能力高的人，存在着淘汰了一部分科技能力高而不擅于写论文的人的风险。

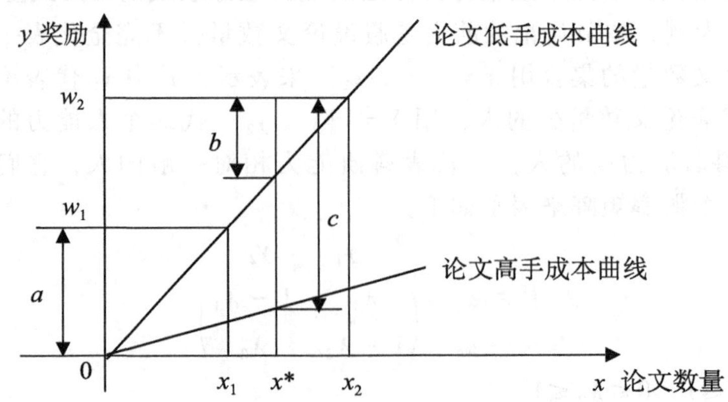

图 4.4　论文数量作为鉴别信号导致的逆向选择

1.2.4　纵向课题与横向课题

目前纵向课题是由政府财政资助的，而且是一种稀缺资源，能够得到政府的资助在某种意义上意味着高校科技工作者的科研水平得到了认可，因此纵向课题往往成为衡量高校和高校科技工作者科研水平的重要指标，在高校科技成果评价中，具有比横向课题更高的权重价值，[①] 特别是像国家科技重大专项、国家自然科学基金、“863”和“973”计划项目、科技支撑计划项目等具有极高显示度的纵向课题。很多高校的人事与科技管理制度都把获得一定级别的纵向课题作为职称评审和课题申报的基本条件。相对而言，从企业获得的横向委托科研项目则重视度弱一些。[②] 纵向课题按照级别又分为国家级、省部级和市局级。横向课题则没有明确的级别划分，一般以课题金额来划分。

高校科技成果评价要杜绝片面看重科技成果的级别的情况，不然将会造成各高校和高校科技工作者对纵向课题的倾向性。从而影响高校科技工作者的逆向选择。

1.2.5　非学术因素噪声干扰

前面分析了用一定数量论文作为评价标准会将一部分科研能力高，但是论文数量低的人逆向选择掉的问题，选择出来的人群又可以分为下面四种情况，如图 4.5 所示，包括科研能力高并选择不造假的人Ⅰ，科研能力高并造假的人Ⅱ，科研能力低并选择不造假的人Ⅲ，科研能力低并造假的人Ⅳ。

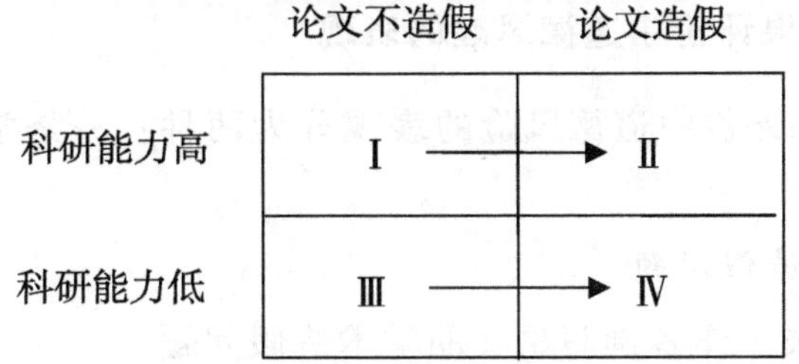

图 4.5　科研能力与论文真假的四分图

高校科技成果评价中信息不对称和非学术因素干预的存在，图 4.5 中的Ⅰ、Ⅲ部分中造假心理成本低的人会选择向Ⅱ、Ⅳ部分移动，最终导致高校科技成果中假论文的比例增大，真论文的比例减小，形成逆向选择，如图 4.6 所示。

① 熊丙奇：《科研项目应取消“纵向”“横向”分类》，《中国科学报》2013 年 1 月 10 日。

② 黄涛：《科研管理应回归常识》，《科技导报》2013 年 7 月 8 日。

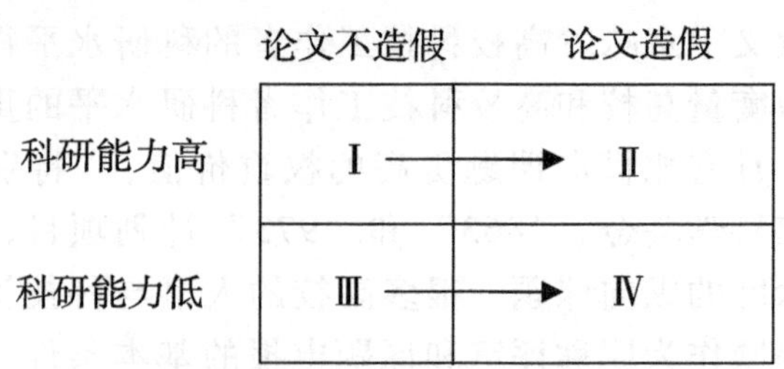

图 4.6　学术造假条件下的科研能力与论文真假四分图

2. 高校科技工作者的道德风险

根据信息不对称理论的分析，由于委托人和代理人之间的目标函数并不相同，委托人和代理人对信息占有的差别会为代理人的“道德风险”问题埋下隐患。道德风险经常被称为隐藏行动的失信行为，也就是指在合约订立后，代理人利用委托人不了解其真实的努力程度，采取“偷懒”或者“不尽力”的行为，使委托人的利益受到损失。高校科技成果评价中存在的各种不对称信息是道德风险产生的主要原因。

2.1　高校科技成果评价中道德风险的表现

高校科技成果评价中道德风险的表现分为两种：一是学术造假问题，二是寻租问题。

2.1.1　学术造假问题

（1）高校科技工作者撰写论文的学术造假问题

高校科技成果评价中，往往将科技成果的完成情况与相应的奖励政策挂钩，比如论文发表的数量与相应的奖金数额挂钩。为简化讨论，假设完成一定数量的论文给予一定的奖励，在这个数量之下不给予奖励，如图 4.7 所示。

横轴代表努力程度或真的程度 x，越往左代表科技工作者努力程度越小，即造假的程度越大，原点代表完全造假。纵轴代表收益和成本。L_1、L_2 两条曲线分别是论文数量低和高的成本曲线。不管造假成本多低，但也会有成本，因此成本曲线在左侧是平缓的并且是大于 0 的，随着努力程度增加，成本会快速上升。奖励有 3 个水平，如果 w_0 在 L_1 曲线之下，这时不管是写真论文还是假论文都无利可图。如果 w_1 的收益水平线位于 L_1、L_2 曲线之间，在 $x = x_1$ 处，收益水平线和成本曲线 L_1 相交，在交点 P_1 处，将无利可图，

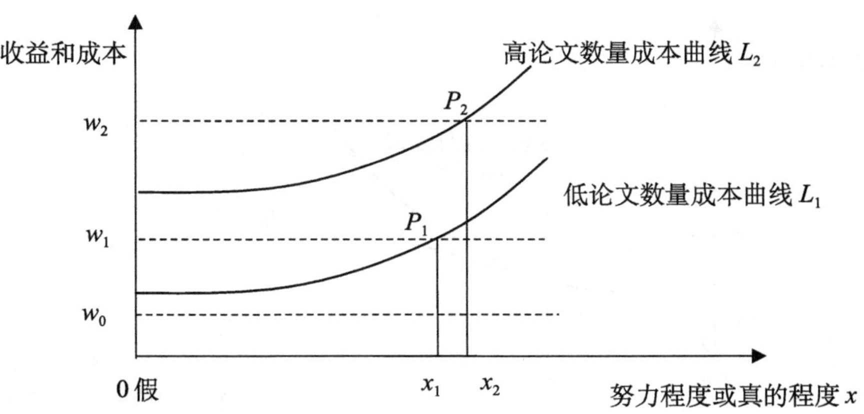

图 4.7　撰写论文的成本收益曲线

在 P_1 右侧则得不偿失。在 w_1 的水平上，规定论文数量高的 L_2 的曲线情况不会发生，因为会发生收益为负的现象。

如果 w_2 位于 L_2 曲线之上，L_1、L_2 两种情况都会发生，由于收益和水平越高，论文数量标准很低的 L_1 曲线，必然会产生巨大收益。但对委托人来说，就会有损失。因此委托人在将水平定为 w_2 的同时，会规定论文数量标准 L_2。w_1 规定论文数量为 L_1，这个规则可由委托人根据自己的实际情况制定。

委托人和代理人的目标函数不同，委托人制定 w_1，委托人最愿意在 P_1 点处实现均衡，甚至愿意 P_1 点右侧的情况发生，但代理人可能存在根据自己的意愿实现利益最大化的情况。

此模型中没有考虑到另一个收益曲线，就是心理收益曲线。心理收益是指做某件事情给自己带来的心理满足感，例如旅游就是花费很高的项目，如果只考虑旅游成本，就不会有旅游业。但事实上，旅游业并没有消失，因为旅游者得到的心理收益高于成本。理论上看，只要科技工作者满足自己的心理收益，科技活动也可以继续进行。其实很多对世界影响巨大的科技成果都是由研究者个人业余兴趣推动的科技活动取得的。

在图 4.8 中，科技工作者的心理收益曲线是一个向上凸起的曲线，心理收益曲线如果大于论文成本曲线，特别是心理收益曲线和论文成本曲线的边际效益和边际成本相等的时候，在 x^* 处表现为曲线的斜率相等，将会是最佳平衡点。

如果将图 4.8 的分析考虑到心理成本问题，将变为如图 4.9 所示的样子。

高校科技工作者的最终收益为 $y = W + H - L - C$

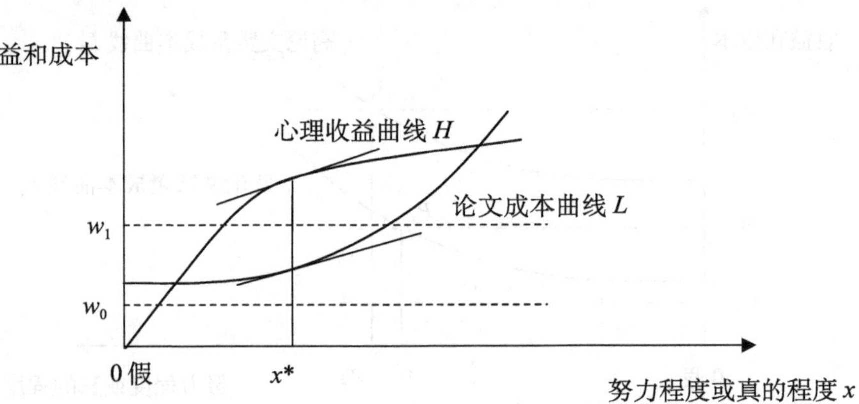

图 4.8　撰写论文的心理收益曲线和论文成本曲线

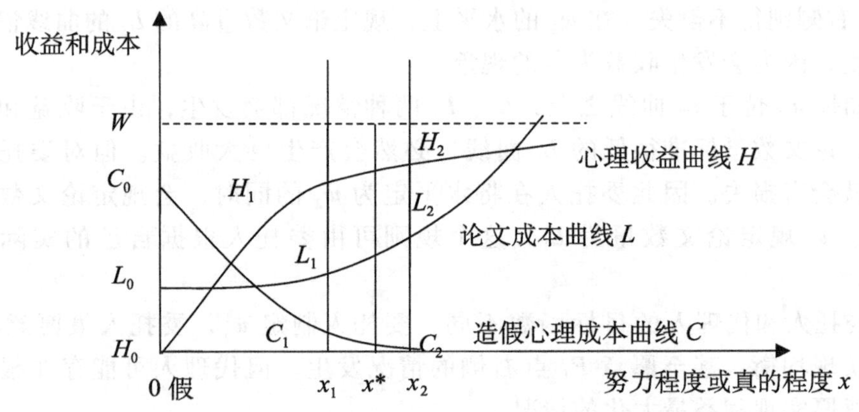

图 4.9　造假心理成本者的论文成本曲线

式中 y 为最终收益，W 为奖励，H 为心理收益，L 为研究成本，C 为造假心理成本，其中 $H_0=0$。如果满足 $y>0$，科技活动就可以进行。

图 4.9 中的 0 点，x_1 点，x_2 点所对应的总收益分别为：

$y_0 = W + H_0 - L_0 - C_0 = W - L_0 - C_0$

$y_1 = W + H_1 - L_1 - C_1$

$y_2 = W + H_2 - L_2 - C_2$

如果 C_0 远远大于 C_1 和 C_2 就有可能产生，$y_1 > y_0$ 或 $y_2 > y_0$ 的情况，但 y_1 和 y_2 的大小不一定。由此可知存在一个最佳点 x^*，使总收益达到最大化。将图 4.9 中的心理收益、奖励、心理成本和研究成本合并后，形成总收益曲线，如图 4.10 所示。

造假心理成本高的人在造假 0 和 x^* 两种方案下进行选择，显然选择 x^*

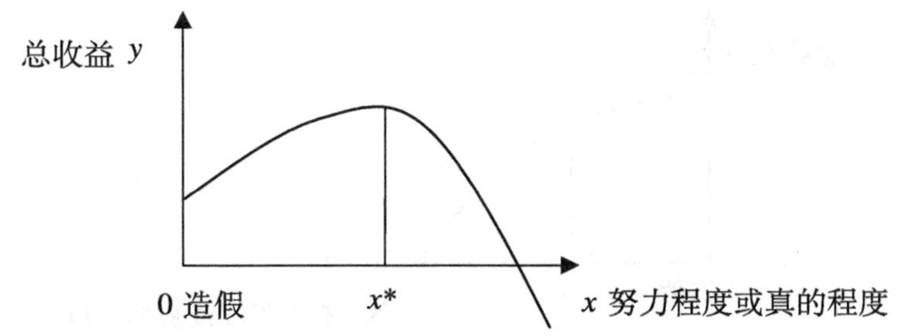

图 4.10　高造假心理成本者的总收益曲线

对他有利，因此造假心理成本高的人选择不造假。图 4.9 是在心理成本 C 很大的情况下发生的。但如果有心理成本非常低的人存在，例如道德素质不高的人，他们的心理成本曲线为 C'，将非常接近原点，甚至可忽略不计。$C_0 \approx 0$，如图 4.11 所示。

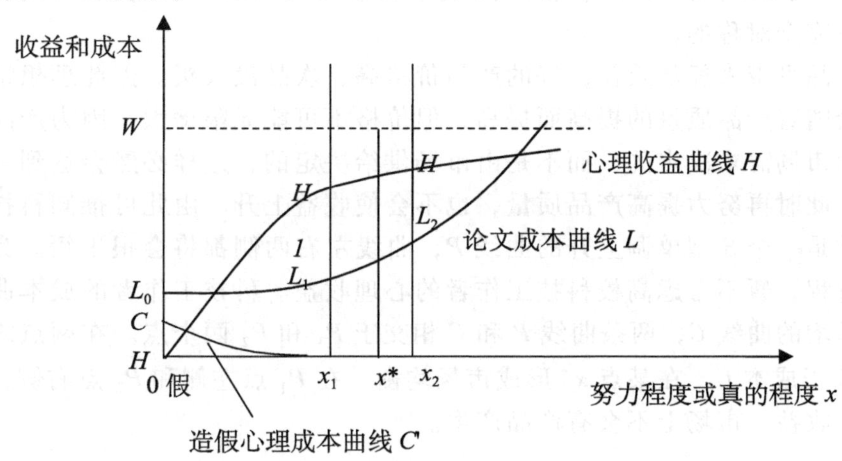

图 4.11　低造假心理成本者的成本收益曲线

图 4.11 中，低造假心理成本者在 0 点，x_1 点，x_2 点所对应的总收益分别为：

$$y_0 = W + H_0 - L_0 - C_0 = W - L_0 - C_0 \approx w - L_0$$

$$y_1 = W + H_1 - L_1 - C_1 \approx W + H_1 - L_1$$

$$y_2 = W + H_2 - L_2 - C_2 \approx W + H_2 - L_2$$

此时低造假心理成本者的总收益曲线为如图 4.12 所示。很显然低造假心理成本的人将选择造假，因为造假可以实现利益最大化。

通过上述分析可以得出这样的结论：需要在机制设计上对论文造假行为进行严厉惩罚。

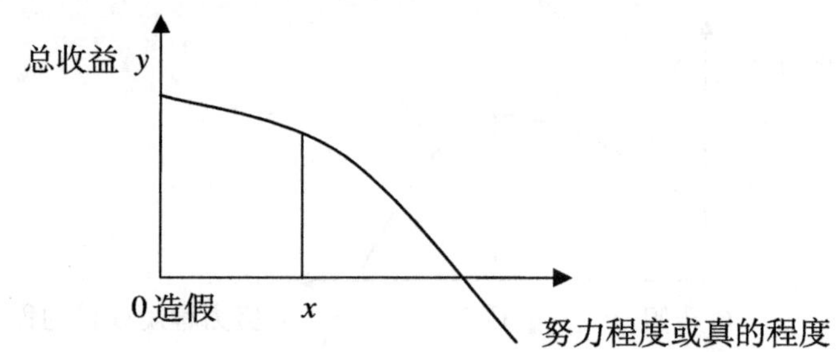

图 4.12　低造假心理成本者的总收益曲线

(2) 高校科技工作者开发科技产品中的学术造假问题

虽然现实生活中完全由市场来决定，由于信息不对称问题的存在，科技成果伪劣产品仍旧存在。

无非学术因素干预的科技产品成本收益曲线如图 4.13 所示，假设市场信息是完全对称的。

科技产品可带来经济效益，好的产品价格高，次品没人买。因此理想情况下价格会随着产品质量的提高而提高，但价格不可能无限增大，因为产品的价格是由市场需求决定的，而不是由市场供给决定的，这样必然会达到一个最大值，此时再努力提高产品质量，也不会使收益上升。由此可推知科技产品的收益是一个 S 型单调上升的曲线 P，曲线左右两侧都将会很平缓。为简化分析过程，暂不考虑高校科技工作者的心理收益。科技工作者的成本曲线为单调递增的曲线 C，两条曲线 P 和 C 相交于 P_1 和 P_2 两个点。在两点之间收益 P 高于成本 C，在某点 x^* 形成市场均衡。在 P_1 点左侧和 P_2 点右侧，由于成本 > 收益，市场上不会有产品产生。

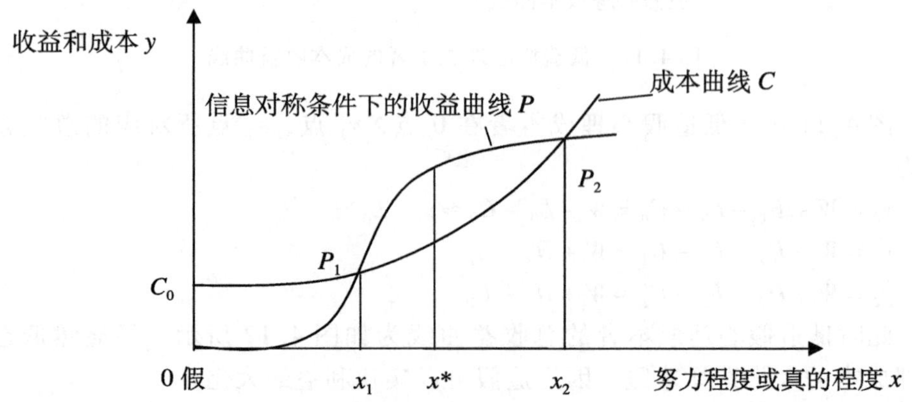

图 4.13　无非学术因素干预且信息对称条件下的产品成本收益曲线

假设市场信息是完全不对称的，由于开发者不管是造假还是不造假都是开发者自己知道的一阶信息，对于市场客户来说这个一阶信息是不掌握的。市场只能观测到产品的平均价格，也即产品的二阶信息。用二阶信息去考查一阶信息显然会产生信息失真。如图 4. 14 所示，图中水平虚线表示市场的平均价格 $\overline{P}$。

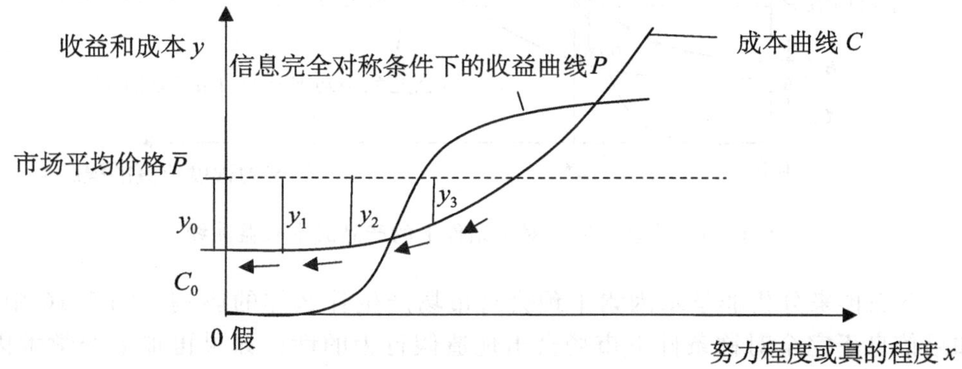

图 4. 14　无非学术因素干预且信息完全不对称条件下的产品成本收益曲线

从图 4. 14 中可知，$y_0 > y_1 > y_2 > y_3$，因为 y_0 最大，生产好产品的人也开始生产次品，图中箭头指明了生产者的选择趋势。由于好生产者也选择造假，市场产品整体质量下降，导致平均价格 $\overline{P}$ 也会下降，最终导致市场崩溃。

但此种现象并不符合现实情况，现实是市场产品好坏都有。图 4. 14 的假设是市场信息完全不对称的情况。真实的情况是市场信息并非完全不对称，开发者会主动进行好产品的信号传递，例如短时期可以做广告宣传，以及长期的口碑宣传，这都要花成本，这个成本是由生产者自己负担的。有的时候信号传递的成本是非常昂贵的，例如电视广告，同时，顾客也有一定的鉴别能力，只不过这种鉴别的过程要耗费顾客的信息收集和鉴别成本。这个成本有时也会是十分惊人的，如聘请专业机构鉴定要花费高昂的代价，这就是所谓的信息甄别。

在市场中有生产者主动的信号传递与顾客主动的信息甄别机制使得产品价格不会固定在平均价格 $\overline{P}$ 上，由于好坏产品的概率分布不同，导致市场价格会维持在平均价格附近，真实的价格应该是如图 4. 15 所示中黑粗线所描述的样子。

图中 x^* 处收益为 a，完全造假的收益为 b，若 $a > b$，真产品要比假产品获益多，因此人们更愿意生产真产品。图 4. 15 的曲线也能看出假产品的价格都很低。

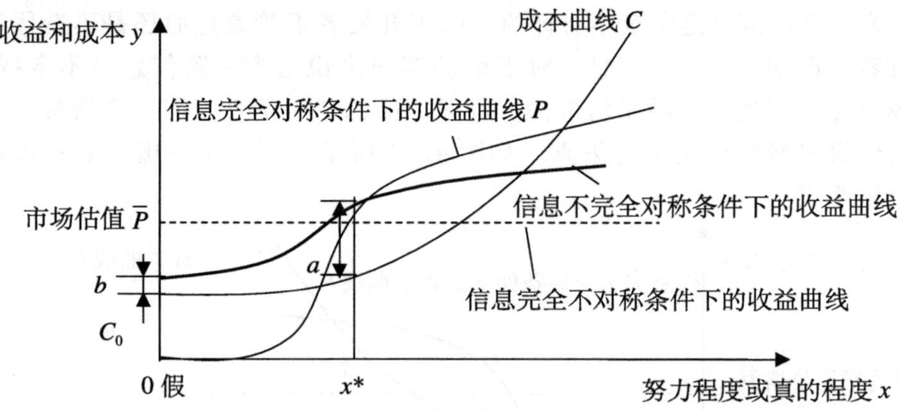

图 4.15　信息不完全对称条件下的产品成本收益曲线

下面再来分析非学术因素干预会对市场产生什么样的影响。图 4.16 中，如果信息不完全对称条件下市场会出现造假行为的话，如果再加上非学术因素干预的收益 W，造假者的收益就更高了，即使完全忽略市场利润，即把图中收益曲线 P 去掉，只考虑非学术因素干预收益，也会形成一个巨大的市场蛋糕，导致大量的造假者蜂拥而入。

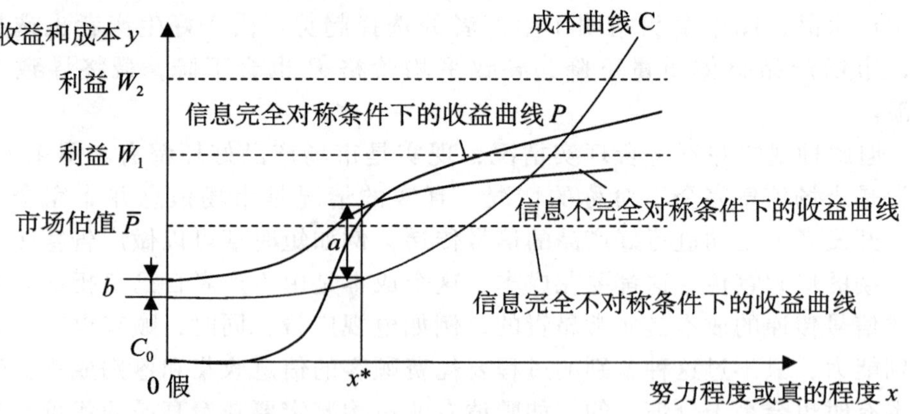

图 4.16　非学术因素干预和市场同时存在的科技产品成本收益曲线

从图 4.16 可以看出，不论市场信息是否对称，只要存在非学术因素干预，都会将生产者的总收益曲线向上平移，如果利益远远大于市场收益，市场收益就可以忽略不计，这样科技产品的分析过程就与科技论文的分析过程一样了。

因此，由市场来调节是解决高校科技成果评价中学术造假问题的一个良好手段。

2.1.2　寻租问题

寻租理论的思想最早萌芽于美国乔治梅森大学经济与法律教授戈登·塔洛克（Gordon Tullock）在1967年所撰写的论文《关于税、垄断和偷窃的福利成本》，但作为一个理论概念是由克鲁格（Anne. Krueger）在1974年探讨国际贸易中保护主义政策形成原因的一项研究中正式提出来的。[①] 租金的根源来自对该种生产要素的需求提高而供给却因种种因素难于增加而产生的差价。

寻租理论对现代经济学的研究方法有独特的创新，它从一个全新的角度对传统的经济学提出了挑战，它把经济学研究的视野从生产性的寻利活动扩展到了非生产的寻租活动，把人们追逐既得经济利益的行为与追求新增经济利益的行为区别开来。寻租理论使近年来经济学界对为弥补和矫正"市场失灵"的政策设计提供了更周全的考量，为建立更为有效的市场经济秩序指出了方向。

寻租往往发生在监督成本过大或难以监督的领域，例如在信息不对称的领域，而高校科技成果评价正属于其范围中。在高校科技成果评价中，存在寻租风险的原因就是信息不对称。一方面，科技成果完成的质量是高校科技工作者的私有信息；另一方面，由于高校科技成果特有的高知识含量和创新性、前沿性、专业性等特征，导致高校科技成果的技术门槛非常高，一般人很难对高校科技成果的质量做出判断。寻租行为损害的是公平的竞争秩序，因此，必须对寻租行为进行坚决的治理和打击。

2.2　高校科技成果评价中道德风险的动力分析

前面探讨了高校科技成果评价中道德风险的表现，下面将结合信息论中的噪声和信息差理论，对高校科技成果评价中可能出现的道德风险给出内在的动力学分析。

2.2.1　信息差（信息不对称）的界定

自然界中只要存在压差，就会导致物质或能量的流动，电压驱动电流，水压驱动水流，温度差驱动热量流动等。在信息领域如果存在信息差就会形成信息流，利用信息流就可以获取经济利益，实际上商品经济的存在基本上就是利用信息流换取经济利益。本节通过对信息差的定义来分析信息不对称导致的高校科技工作者的道德风险问题。

---

① 杨丽辉：《公共投资项目中的寻租行为分析》，《合作经济与科技》2012年第14期，第68—70页。

信息需求是人类的一种本能，特别是在现代社会里，人们常常会陷入信息饥渴的状态。例如，人们对外界信息的需求催生了报纸、电视等媒体行业，在这里人们消费的是信息。如果信息是完全确定的，信息就没有价值了。正是信息不对称，才可以进行交易，媒体提供信息，客户花钱购买。如果信息是已知的、过去的，信息的价值就会大打折扣。

在信息传递过程中，如图4.17所示，$I(X)$ 代表客观信息，$J(X)$ 代表主观信息。若发送端的信号是 X，而接收端的信号是 Y，则 ΔI 就是在接收端收到 Y 后所能获得的关于 X 的信息。$I(X)$ 大于 $I(X/Y)$，说明当已知 Y 后，X 的不确定度减小了。即对于接收者，在未收到任何消息时，对信源 X 的不确定度是 $I(X)$，而当收到消息 Y 后，不确定度降低到了 $I(X/Y)$。定义 ΔI 为客观信息差，则：

$$\Delta I = I(X) - I(X/Y)$$

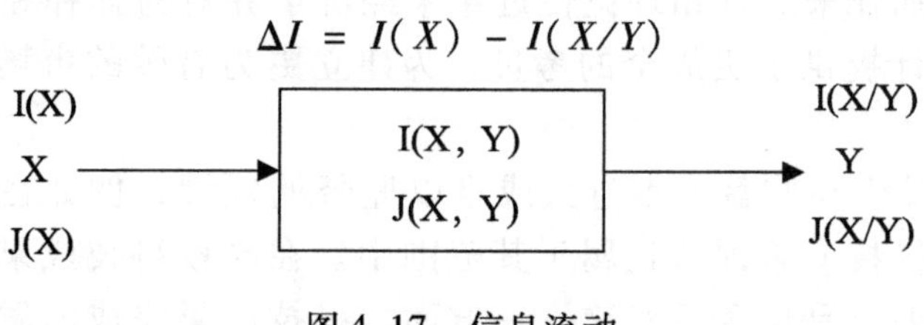

图4.17　信息流动

若干扰很大，Y 基本上与 X 无关，或者说 X 与 Y 相互独立，那时 Y 就收不到任何关于 X 的信息，即 $\Delta I=0$；反之，若没有干扰，由 Y 可以唯一确定 X，Y 是 X 的一一对应函数，Y 就能充分地收到 X 的信息，即 $\Delta I = I(X)$。所以信息差的范围是：

$$0 \leqslant \Delta I \leqslant I(X)$$

同理主观信息差为：

$$\Delta J = J(X) - J(X/Y)$$

善于利用信息差可以获取利益，例如地域价格的信息差就可以导致商品的流动，新闻产业利用人们的信息需求获得经济利益。在高校科技成果评价中，委托人和代理人之间客观信息差越大，信息不对称越严重，越容易出现利用委托人和代理人之间的信息差进行操作就是通常所说的学术造假行为。

主观信息差则是由信宿或者客户对信源判断产生的价值与价格的差异形成的信息流，例如购买者对一件商品的心理价值高于交易价格时，交易才会发生。

交易利益一般正比于信息差。设利益为 K，则：

$$K \propto \Delta I + \Delta J$$

2.2.2　非学术因素噪声干扰导致的信息差

自然界中孤立体系的演化是朝着熵增的方向进行的，即朝着混乱度增大的方向进行演化的。从信息传递的角度看，熵增意味着信息的减少，信息在传递过程中会有信息的损失，信息的损失是由于信道出现噪声干扰造成的。噪声是指一切可能在信息传递过程中给信息的编码、解码和传递通道造成干扰的因素。高校科技成果评价过程中的噪声源多种多样。

如果噪声干扰不去除，就会造成信息失真，严重的会使得通信无法正确和有效地进行。噪声干扰导致的信息失真的模型见图 4.18。正是由于信道存在噪声的干扰，导致信息在传递过程中存在失真的可能，而且一旦信息产生失真，用任何手段也不能恢复丢失的信息。在图 4.18 中，信源 X 发出两个信号 x_1 和 x_2，信宿 Y 应该收到两个信号 y_1 和 y_2，在信道没有干扰的情况下，信源 X 发出信号 x_1，信宿 Y 收到 y_1，信源 X 发出信号 x_2，信宿 Y 收到 y_2。但如果有噪声干扰，信源 X 发出信号 x_1，信宿 Y 有 α 的概率收到 y_2，同样，信源 X 发出信号 x_2，信宿 Y 有 β 的概率收到 y_1。

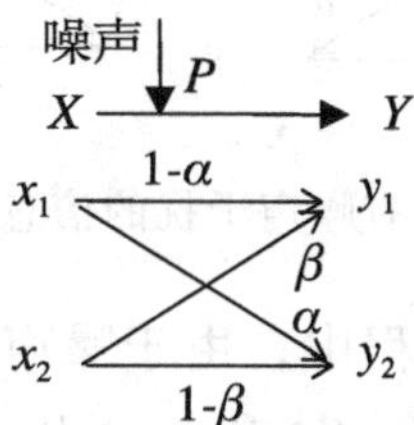

图 4.18　噪声干扰导致的信息失真

下面说明为什么在信息传递过程中信息会丢失，如图 4.19 所示是无噪声干扰下的信息传递过程。

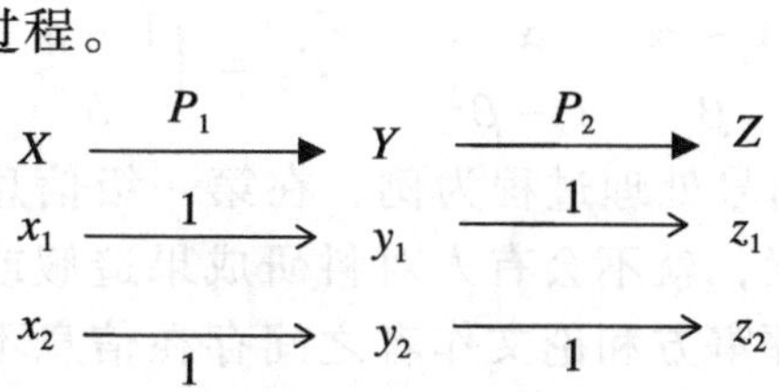

$$X \xrightarrow{P_1} Y \xrightarrow{P_2} Z$$

$$x_1 \xrightarrow{1} y_1 \xrightarrow{1} z_1$$

$$x_2 \xrightarrow[1]{} y_2 \xrightarrow[1]{} z_2$$

图 4.19　无噪声干扰情况下的信息传递

其中 P_1，P_2 为条件概率矩阵，也称转移矩阵。转移矩阵 P 的定义如下：

$$P = \begin{bmatrix} p(y_1/x_1) & p(y_2/x_1) \\ p(y_1/x_2) & p(y_2/x_2) \end{bmatrix}$$

满足 $\sum_{j=1}^{2} p(y_j/x_i) = 1, i = 1,2$,也就是每一行的概率之和为1。

矩阵各元素 $p(y_j/x_i)$ 的含义是在事件 x_i 已知的情况下发生 y_j 事件的概率。显然无噪声干扰的信息传递模型中，P1，P2 的转移矩阵如下：

$$P_1 = P_2 = \begin{bmatrix} 1 & 0 \\ 0 & 1 \end{bmatrix}$$

含义是 x_1 对应 y_1，x_2 对应 y_2 的概率分别为1，也就是 x 和 y 一一对应。这就是说可以根据 y 完全确定 x。

由于有噪声的存在，会干扰理想信息传递模型。有噪声的情况下信息传递模型如图4.20所示。

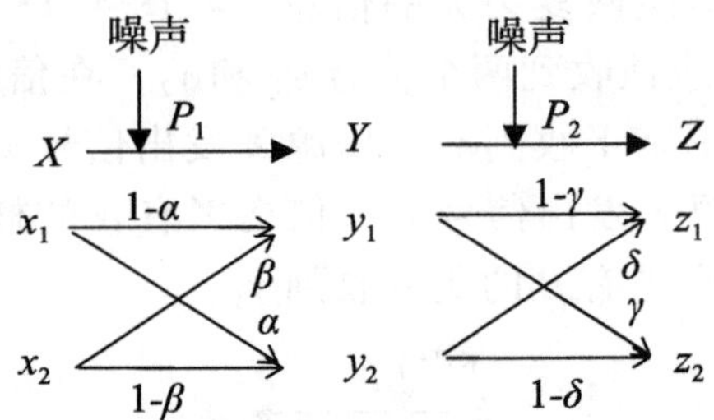

图4.20 有噪声干扰的信息传递过程

在 $X \to Y \to Z$ 的信息传递过程中，由于噪声的干扰，信息会有损耗，即信号失灵。信号失灵表现为 $\alpha > 0$，$\beta > 0$，$\gamma > 0$，$\delta > 0$，随着这几个值的增大，信号失灵会更加严重，如果达到$\frac{1}{2}$时，失真最严重。非理想信息传递的转移矩阵 P_1，P_2 表示如下：

$$P_1 = \begin{bmatrix} 1-\alpha & \alpha \\ \beta & 1-\beta \end{bmatrix} \qquad P_2 = \begin{bmatrix} 1-\gamma & \gamma \\ \delta & 1-\delta \end{bmatrix}$$

以图3.9所示的信号处理过程为例，在第一级信息传递过程中，假设只存在利益一个干扰因素，就不会有人对科研成果造假或者寻租，因为这完全没有必要。例如由于评审方和论文作者之间存在信息不对称，专家有时很难鉴别。

在第二级信息传递过程中，假设也只存在一个干扰因素，所代表的利益甚至会对高校科技工作者的激励导向作用就更剧烈。

由于非学术因素噪声的干扰，信息从 X 传递到 Y，再传递到 Z，信息量会逐渐减小，从而形成信息差，信息差越大，信息不对称越严重。

2.2.3 信息差引发的道德风险

经济学认为交易是互利的行为，利益是交易的前提。买卖双方之所以能发生交易行为是因为买方对交易标的物的评价高于卖方，买卖双方对交易标的物的评价就是主观信息，主观信息源自不同信息接收者对相同信号的不同解释。买卖双方对交易标的物评价的差值就是市场的交易利益。为了追求交易利益的最大化，买卖双方都会隐藏自己对交易标的的真实评价。① 市场上最后的成交价格一般都处在买卖双方各自对交易标的物评价的中间，买方评价与成交价格的差值就是消费者剩余，卖方评价与成交价格的差值就是生产者剩余，具体情况如图 4.21 所示。市场成交价格为 P^*，（P_1-P_2）为市场的交易利益，消费者剩余为（P_1-P^*），生产者剩余为（P^*-P_2）。

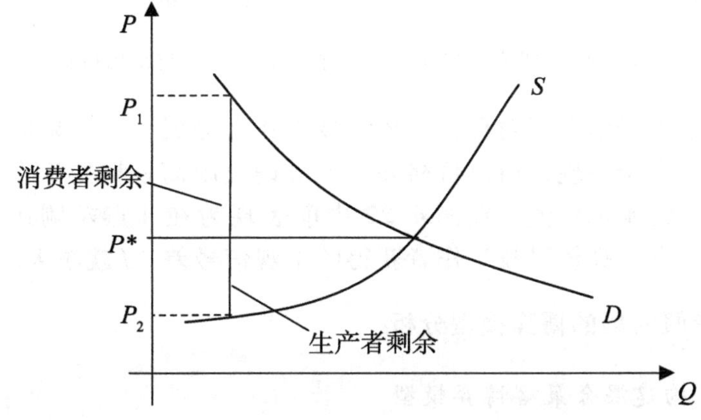

图 4.21　一般市场上的交易利益与市场得益

可以运用经济学中消费者剩余和生产者剩余的概念来理解高校科技成果评价中的主观信息差，高校科技成果评价还具有普通市场交易所不具备的特殊性，表现在以下三个方面：

首先，高校科技成果具有创新性的特征，这种特征决定了高校科技成果不能像普通商品那样批量生产；

其次，高校科技成果评价中信息不对称问题要比普通市场交易行为严重；

第三，相较于市场上对商品质量和价值的评价程度，高校科技成果的评价与之不同。

基于以上三点，可以绘制出高校科技成果评价中的交易利益与市场得益曲线，如图 4.22 所示。

需求曲线是一条水平线 W，高校科技工作者的成本曲线 C 与需求曲线 W 相交于 A 点，两者在 A 点处达成交易，此时，价格恰好等于高校科技工作者

① 王则柯：《论交易的互利性与公平性》，《江苏社会科学》2004 年第 2 期，第 30—36 页。

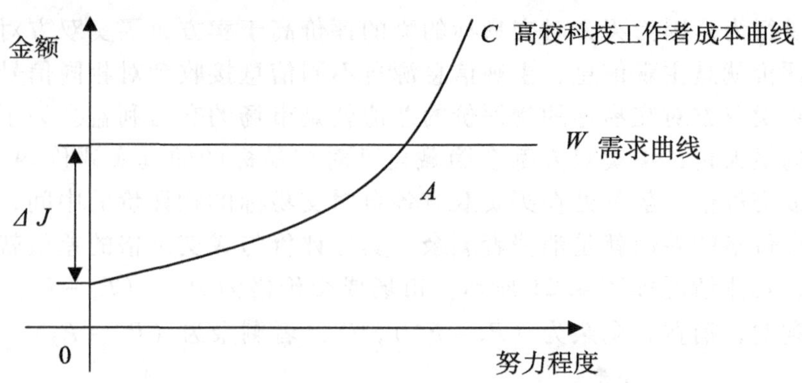

图 4. 22　高校科技成果评价中的交易利益与市场得益

的成本。但是由于信息不对称，高校科技工作者完成该项成果的真实成本与价值可能无法完全展现，所以价格并不能准确反映高校科技工作者的真实成本和科技成果的实际价值。在图 4. 22 中就表现为在 A 点左侧达成交易，交易越趋近于原点，高校科技工作者获得的主观信号差 ΔJ 就越大。

2. 3　学术造假问题的博弈模型分析

2. 3. 1　构建混合策略博弈模型

假设博弈参与人是高校科技工作者和评审，高校科技工作者有两个战略选择：真或假，概率分别为 p 和 $(1-p)$；评审也有两个战略选择：认真检查或不认真检查，认真检查的概率为 q，不认真检查的概率为 $(1-q)$。为简化讨论，假设评审专家只要认真检查就能发现学术造假行为；m 为高校科技工作者不造假时的利益；n 为评审专家的利益；M 为高校科技工作者造假且不被发现时的利益；c 为评审专家的信息甄别成本。假设高校科技工作者造假且评审专家认真检查，评审专家发现高校科技工作者造假行为后，高校科技工作者不受惩罚的概率为 $(1-\beta)$，受到惩罚的概率为 β，高校科技工作者受到的惩罚为 x，评审专家发现造假得到的奖励为 θx，其中 θ 为奖励因子，对评审专家的奖励一般情况下小于对高校科技工作者造假的惩罚，因此 θ 的取值范围一般情况下在 0 和 1 之间，但也不排除 $\theta>1$ 的情况，形成如表 4. 1 的高校科技工作者与评审专家的混合策略博弈矩阵。

表 4.1　高校科技工作者与评审专家的混合策略博弈矩阵

<table>
<tr><td colspan="2" rowspan="2"></td><td colspan="3">评审专家</td></tr>
<tr><td colspan="2">认真检查 q</td><td>不认真检查 $(1-q)$</td></tr>
<tr><td rowspan="3">科技工作者</td><td>真 p</td><td colspan="2">$m,\ n-c$</td><td>$m,\ n$</td></tr>
<tr><td rowspan="2">假 $(1-p)$</td><td>惩罚 β</td><td>不惩罚 $(1-\beta)$</td><td rowspan="2">$M,\ n$</td></tr>
<tr><td>$-x,\ \theta x+n-c$</td><td>$M,\ n-c$</td></tr>
</table>

2.3.2　混合策略博弈模型的求解

高校科技工作者的预期总收益为 E_1，评审的预期总收益为 E_2，则

$$\begin{aligned}E_1 &= pqm + p(1-q)m + (1-p)q\beta(-x) + (1-p)q(1-\beta)M \\ &\quad + (1-p)(1-q)M \\ &= [(\beta M+\beta x)q + m - M]p - (\beta M+\beta x)q + M\end{aligned}$$

因为高校科技工作者所能选择的变量只能是 p，所以当 $(\beta M+\beta x)q+m-M=0$ 时，高校科技工作者的战略 p 为 $[0,1]$，即高校科技工作者选择从 0 到 1 之间的任何概率收益都相同，此时 q 为：

$$q = \frac{M-m}{(M+x)\beta}$$

于是：

$$p = \begin{cases} 1 & q > \dfrac{M-m}{(M+x)\beta} \\ [0,1] & q = \dfrac{M-m}{(M+x)\beta} \\ 0 & q < \dfrac{M-m}{(M+x)\beta} \end{cases}$$

当 $(\beta M+\beta x)q+m-M>0$ 时，即 $q>\dfrac{M-m}{(M+x)\beta}$ 时，高校科技工作者的战略 $p=1$，其收益最大。

当 $(\beta M+\beta x)q+m-M<0$ 时，即 $q<\dfrac{M-m}{(M+x)\beta}$ 时，高校科技工作者的战略 $p=0$，其收益最大。

$$\begin{aligned}E_2 &= pq(n-c) + p(1-q)n + (1-p)q\beta(\theta x+n-c) \\ &\quad + (1-p)q(1-\beta)(n-c) + (1-p)(1-q)n \\ &= [(-\beta\theta x)p + \beta\theta x - c]q + n\end{aligned}$$

因为评审专家所能选择的变量只能是 q，所以当 $(-\beta\theta x)p+\beta\theta x-c=0$ 时，评审专家的战略 q 为 $[0,1]$，即评审专家选择从 0 到 1 之间的任何概

率收益都相同，此时 p 为：

$$p = \frac{\beta\theta x - c}{\beta\theta x} = 1 - \frac{c}{\beta\theta x}$$

于是：

$$q = \begin{cases} 1 & p < 1 - \dfrac{c}{\beta\theta x} \\ [0,1] & p = 1 - \dfrac{c}{\beta\theta x} \\ 0 & p > 1 - \dfrac{c}{\beta\theta x} \end{cases}$$

当 $(-\beta\theta x)p + \beta\theta x - c > 0$ 时，即 $p < 1 - \dfrac{c}{\beta\theta x}$ 时，评审专家的战略 $q = 1$，其收益最大。

当 $(-\beta\theta x)p + \beta\theta x - c < 0$ 时，即 $p > 1 - \dfrac{c}{\beta\theta x}$ 时，评审专家的战略 $q = 0$，其收益最大。

由此可得到此博弈的混合纳什均衡为：

$$(p^*, q^*) = \left(1 - \frac{c}{\beta\theta x}, \frac{M - m}{(M + x)\beta}\right)$$

由于概率是在0—1之间的一个数，因此必须满足 $c \leqslant \beta\theta x$，如果 $c > \beta\theta x$，即评审成本大于奖励，导致 $p^* < 0$，这说明上面的纳什均衡是不合理的，在此种情况下，因为 $c > \beta\theta x$，就会导致下面的公式中 q 的系数为负数，此时评审专家选择 $q = 0$ 的策略是能够实现利益最大化的最优策略，这时 $E_2 = n$。

$$E_2 = [(-\beta\theta x)p + \beta\theta x - c]q + n$$

当评审选择 $q = 0$ 的策略时，高校科技工作者的期望收益为：

$$E_1 = [(\beta M + \beta x)q + m - M]p - (\beta M + \beta x)q + M = (m - M)p + M$$

此时，很显然高校科技工作者的最优选择是 $p = 0$。

综上所述，该博弈模型有两个纳什均衡解，如下：

$$(p^*, q^*) = \begin{cases} \left(1 - \dfrac{c}{\beta\theta x}, \dfrac{M - m}{(M + x)\beta}\right) & c \leqslant \beta\theta x \\ (0,0) & c > \beta\theta x \end{cases}$$

通过该博弈的混合纳什均衡可知，影响博弈均衡的因素有7个，分别是评审的信息甄别成本 c、高校科技工作者不造假时的收益 m、评审专家的收益 n、高校科技工作者造假且不被发现时的收益 M、高校科技工作者被发现造假后受到惩罚的概率 β、高校科技工作者受到的惩罚 x 及对评审专家的奖励因子 θ。其中高校科技工作者不造假时的收益 m，专家的收益 n，高校科技工作者造假且不被发现时的收益 M 三个因素为常数，下面只讨论其余 4 个因素 β、x、θ、c 对博弈均衡的影响。

2.3.3　混合策略博弈均衡分析

当评审专家发现学术造假得到的奖励大于其信息甄别成本，即 $c \leqslant \beta\theta x$ 时，由前面的博弈均衡结果可知

$$(p^*, q^*) = \left(1 - \frac{c}{\beta\theta x}, \frac{M - m}{(M + x)\beta}\right)$$

$$p^* = 1 - \frac{c}{\beta\theta x}$$

p^* 与专家的信息甄别成本 c、高校科技工作者被发现造假后受到惩罚的概率 β 即惩罚的确定性、高校科技工作者被发现造假后受到的惩罚 x 即惩罚的严厉性及评审发现造假后得到的奖励因子 θ 有关。由于 p^* 是高校科技工作者不造假的概率，所以 $\beta\theta x \geqslant c$，$\beta\theta x$ 越大，p^* 越大；如果 $\beta\theta x = c$，$p* = 0$，即高校科技工作者会完全造假。θ 是与专家利益相关的一个大于 0 的常数。

下面讨论惩罚的确定性 β 和惩罚的严厉性 x 对高校科技工作者造假行为的影响，惩罚的严厉性 x 与惩罚的确定性 β 形成一个威慑组合 (x, β)，这个威慑组合形成等威慑曲线 L_1，如图 4.23 所示。横坐标为惩罚的严厉性 x，纵坐标为惩罚的确定性 β。

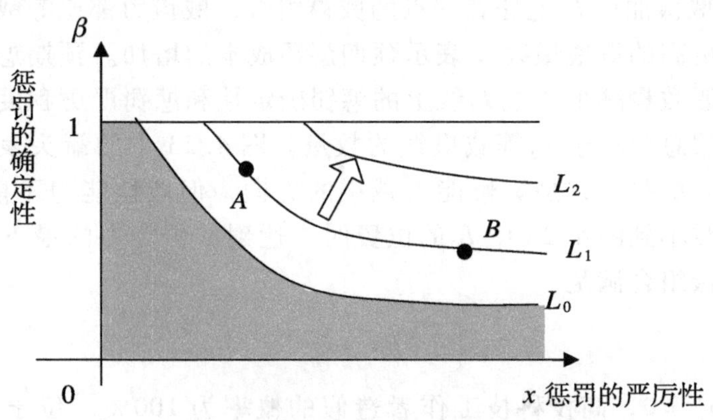

图 4.23　等威慑曲线

在图 4.23 中，位于等威慑曲线 L_1 上的任意一点，满足 βx 等于常数 a，β 与 x 成反比关系，即

$$\beta x = a$$

此时，$p_1^* = 1 - \frac{c}{\theta a}$，说明在这条等威慑曲线上任意一点，高校科技工作

者的战略选择 p_1^* 和预期总收益 E_1 都不变，即在曲线 L_1 上，(x, β) 的任意变化不影响高校科技工作者造假的概率，由此可以得出，等威慑曲线上惩罚的确定性 β 和惩罚的严厉性 x 之间具有可替换性，沿同一条线的惩罚概率的变化恰好抵消了预期惩罚严厉性的增加。

曲线 L_1 即是一条等威慑曲线，也是高校科技工作者的等收益曲线。将均衡结果 $(p^*, q^*) = \left(1 - \dfrac{c}{\beta\theta x}, \dfrac{M - m}{(M + x)\beta}\right)$ 代入高校科技工作者和评审专家的预期总收益 E_1、E_2 中，可得到 $E_1 = m$，$E_2 = n$。m 为高校科技工作者不造假时的收益。在均衡情况下，高校科技工作者的预期总收益不会超过 m，因为高校科技工作者通过造假获得的收益会被造假受到的惩罚所抵消。

在均衡情况下，专家的预期总收益不会超过 n，因为专家通过发现造假行为获得的奖励会被专家本身的信息甄别成本所抵消。因此，应在机制设计上体现。

当惩罚严厉性和确定性都增加时，会导致 βx 等于常数 b，即

$$\beta x = b$$

此时，$b > a$，$p_2^* = 1 - \dfrac{c}{\theta b}$

可得出，$p_2^* > p_1^*$，等威慑曲线会向右上方移动，形成一条新的等威慑曲线 L_2。在等威慑曲线 L_2 上任意一点的威慑组合，威慑力都比等威慑曲线 L_1 上的组合大，更高的等威慑线 L_2 表示预期惩罚成本的增加。预期惩罚成本上升时，学术造假数量减少，故 L_1 线上的惩罚确定性和惩罚严厉程度的组合所威慑的学术造假总数小于 L_2 等威慑线的数量。图 4.23 中的箭头表示威慑能力加大的方向。L_1 左下方是威慑能力减小的方向，但威慑能力不能无限减小，当威慑能力减小到图 4.23 中 L_0 的位置时，达到威慑能力的最下限。在 L_0 上的每一个威慑组合满足：

$$\beta x = \frac{c}{\theta}$$

此时，$p_0^* = 0$，高校科技工作者造假的概率为 100%。位于 L_0 左下方的阴影区域形成一个等威慑面，在该区域，任意威慑组合的威慑效果都相同，即造假都是 100%。

虽然等威慑曲线上任意预期惩罚确定性和严厉性组合所达到的威慑犯罪的效果相同，但不同的惩罚确定性和严厉性组合所需花费的成本却并不相同，图 4.23 中 A 点表示高惩罚确定性和低惩罚严厉性的组合，B 点表示低惩罚确定性和高惩罚严厉性的组合。A 点与 B 点虽然威慑效果相同，但 B 点处，政府的成本明显低于 A 点。因为，从被发现存在造假行为到最后被惩

罚，这中间还有很长的距离，信息搜集、调查取证、司法程序都需要花费很大的成本支出。以惩罚严厉性 x 的增加换取惩罚确定性 β 的减少可以有效降低成本。所以，B 点的威慑组合优于 A 点的威慑组合。

下面讨论 β 对均衡结果中 q^* 的影响，由于

$$q = \frac{M-m}{(M+x)\beta}$$

当 x 为常数时，可以绘制出（q^*，β）的曲线，如图 4.24 中的曲线 L。

因为 $0 \leqslant q^* \leqslant 1$，$0 \leqslant \beta \leqslant 1$，所以函数只能在 A 点和 B 点之间取值，由 $q^* = 1$ 可得出 $\frac{M-m}{(M+x)\beta} = 1$，即 $\beta = \frac{M-m}{M+x}$；同理，当 $\beta = 1$ 时，可以解出 $q^* = \frac{M-m}{M+x}$。由此可知，惩罚概率 β 对专家认真检查概率 q^* 的影响是一个三段函数曲线：分别是 CA、BD、AB。

曲线 L 上的任意一点都满足均衡条件，如果专家的选择向曲线 L 右上方偏离均衡结果，即 $q > q^*$，会导致高校科技工作者重新选择自己的对策以应对专家的这种偏离，高校科技工作者此时选择不造假；反之，如果专家的选择向曲线 L 左下方偏离均衡结果，即 $q < q^*$，也会导致高校科技工作者重新选择自己的对策以应对专家的这种偏离，高校科技工作者此时造假有利可图，因此高校科技工作者此时选择 100% 造假。线段 AC 和 BD 恰好都位于曲线 L 的左下方，所以 100% 造假是高校科技工作者的最优策略。

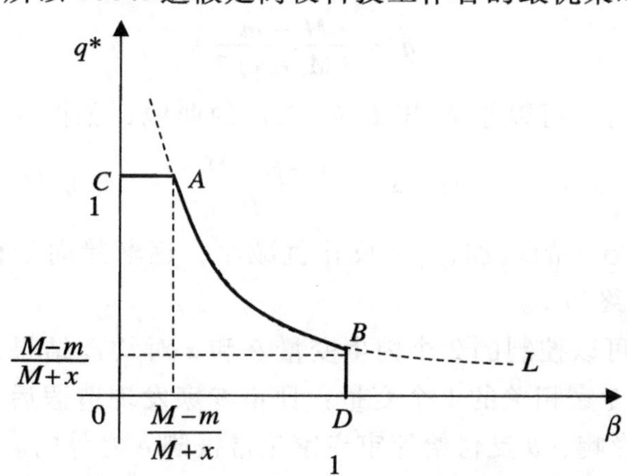

图 4.24　惩罚概率 β 对专家认真检查概率 q^* 的影响

从图 4.24 中可以看出，β 越大，q^* 越小，这就说明对高校科技工作者造假行为惩罚的确定性越大，专家发现高校科技工作者造假的概率越小，因为从均衡结果可知，β 越大，p 也越大，q^* 必然越小。当 m、x 都变得很小的时

候，曲线 L 中的 AB 段也会变小，如图 4.25 所示，其极限形式是当 $q^*=\frac{1}{\beta}$，即 $m=0$，$x=0$ 时，达到极限情况，如图 4.25 中的右图所示，A 和 B 点重合。

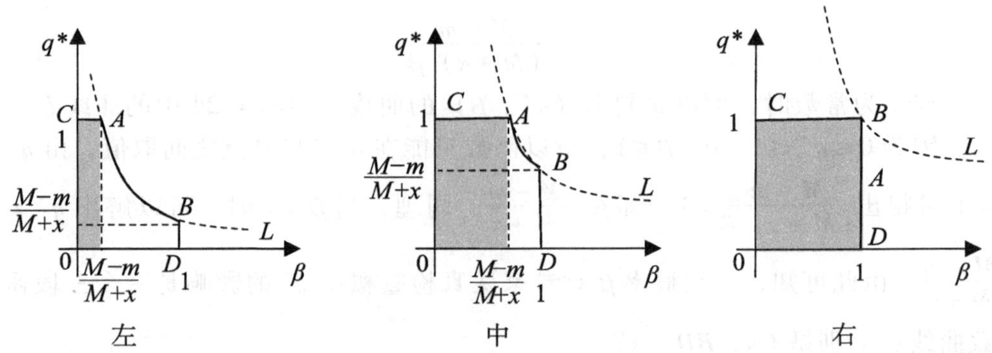

图 4.25　惩罚概率 β、科技工作者正常收益 m 及惩罚严厉性 x 对专家认真检查概率 q^* 的影响

此时会发生评审专家失灵现象，即不管评审专家是否认真检查，图 4.25 阴影部分为高校科技工作者完全造假的区域，从图 4.25 变化趋势可以看出，由于 m，x 变小，导致高校科技工作者造假的区域变大。

下面讨论 x 对均衡结果中 q^* 的影响，由于

$$q=\frac{M-m}{(\mathrm{M}+\mathrm{x})\beta}$$

当 β 为常数时，可以绘制出（q^*，x）的曲线，如图 4.26 中的曲线 L。因为 $0\leqslant q^*\leqslant 1$，当 $q^*=1$ 时，$x=\frac{(1-\beta)\ M-m}{\beta}$，形成图 4.26 中的 A 点，在 A 点右侧，随着 x 的增加，$q*$ 反比例减小，逐渐趋向于横轴。在 A 点左侧，q^* 的取值始终为 1。

前面探讨了可以控制的 2 个内生变量 β 和 x 对均衡结果的影响，本节将继续探讨与评审专家相关的 1 个变量：评审专家发现造假后得到的奖励因子 θ 对均衡结果的影响，θ 支付给评审专家正常报酬 n 之外的。

由 $p^*=1-\frac{c}{\beta\theta x}$，当 $\frac{c}{\beta x}$ 为常数时，θ 越大，p^* 越大

由 $0\leqslant p^*\leqslant 1$ 可得，$0\leqslant 1-\frac{c}{\beta x\theta}\leqslant 1$

解出 $\theta\in\left[\frac{c}{\beta x},\ \infty\right)$

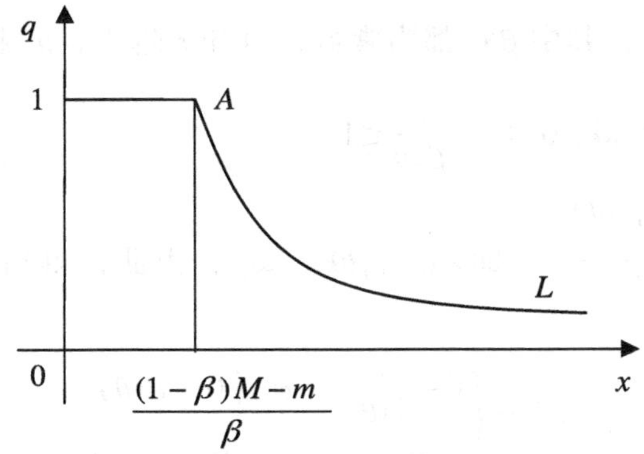

图 4.26　惩罚严厉性 x 对专家认真检查概率 q^* 的影响

当 $\theta \in \left[0, \frac{c}{\beta x}\right)$ 时，$p^*=0$，

因此，(p^*, θ) 的函数关系如下：

$$p^* = \begin{cases} 1-\frac{c}{\beta x\theta} & \theta \in \left[\frac{c}{\beta x}, \infty\right) \\ 0 & \theta \in \left[0, \frac{c}{\beta x}\right) \end{cases}$$

绘制出函数曲线，如图 4.27 所示，该函数曲线 L 是一个分段函数曲线，在 A 点右侧随着 θ 的增加，曲线 L 逐渐趋向于水平渐近线 1，即 θ 作为专家发现造假行为的奖励因子，增加这个奖金，可以有效遏制造假行为的产生，当 θ 趋于无穷大时，造假的概率趋于 0。

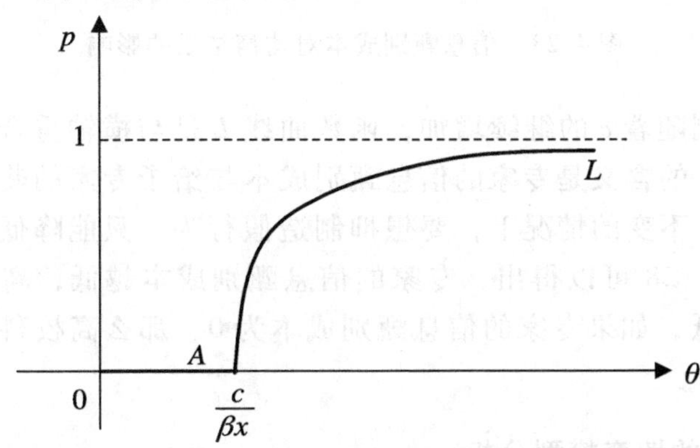

图 4.27　给专家的奖励因子对均衡结果的影响

下面继续探讨与专家相关的另一个变量：专家的信息甄别成本 c 对均衡结果的影响。

由 $p^*=1-\frac{c}{\beta\theta x}$，其中 $\beta\theta x$ 都为常数，可知 c 越小，p^* 越大；

由 $0\leqslant p^*\leqslant 1$ 可得，$0\leqslant 1-\frac{c}{\beta x\theta}\leqslant 1$，

解出 $c\in[0,\ \beta x\theta)$，

当 $c\geqslant\beta x\theta$ 时，$p^*=0$，即 $c\in[\beta\theta x,\ \infty)$，由此，得到（$p^*$，$c$）的函数关系如下：

$$p^*=\begin{cases}1-\dfrac{c}{\beta x\theta} & c\in[0,\ \beta x\theta)\\ 0 & c\in[\beta\theta x,\ \infty)\end{cases}$$

绘制出函数曲线，如图 4.28 所示，该函数曲线 L 也是一个分段函数曲线，在 A 点左侧随着 c 的增加是一条下降的直线，也就是说随着专家信息甄别成本 c 的增加，高校科技工作者的造假概率（$1-p^*$）会直线上升。

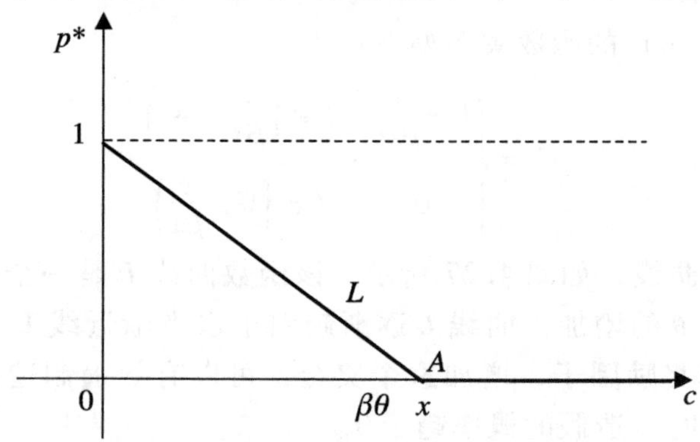

图 4.28　信息甄别成本对均衡结果的影响

在 A 点右侧随着 c 的继续增加，函数曲线 L 是与横轴重合的直线。临界点 A（$\beta\theta x$，0）的含义是专家的信息甄别成本与给予专家的奖励正好相互抵消，在奖金 $\beta\theta x$ 不变的情况下，要想抑制造假行为，只能降低专家的信息甄别成本。从图 4.28 可以得出，专家的信息甄别成本越低，高校科技工作者的造假概率越低，如果专家的信息甄别成本为 0，那么高校科技工作者的造假概率也会为 0。

2.4　寻租问题的博弈模型分析

2.4.1　构建混合策略博弈模型

假设高校科技成果评价中的寻租活动涉及三个参与者：寻租人、设租人、监督人。寻租人有两种策略：寻租和不进行寻租。监督人也有两种策

略：监督和不监督。假设寻租人的寻租概率为 p，寻租人的正常支付为 V，这个正常支付就是某项高校科技成果在没有寻租情况下的正常的市场价值，当寻租人寻租成功后，寻租人获得额外的寻租收益 ΔV，为此寻租人支付给设租人贿金 αΔv，（0 < α < 1），αΔv 就是寻租人的寻租成本；设租人的正常支付为 S，设租支付为 αΔv；监督人的监督成本为 C，监督概率为 q，监督成功的概率为 u；寻租行为被发现后监督人会没收 ΔV，并对设租人惩罚 mΔv，对寻租人惩罚 nΔv。所有变量取值都大于 0，三方博弈支付模型如表 4.2 所示。

表 4.2　三方寻租博弈支付模型

寻租情况	监督情况		监督人	设租人	寻租人
寻租 p	不监督（1 - q）		0	S + αΔV	V + ΔV - αΔV
	监督 q	不成功（1 - u）	- C	S + αΔV	V + ΔV - αΔV
		成功 u	（m + n） ΔV + αΔV - C	- mΔV	V - nΔV - αΔV
无寻租（1 - p）	不监督（1 - q）		0	S	V
	监督 q		- C	S	V

2.4.2　三方博弈模型的求解

监督人进行监督与不进行监督情况下的期望总收益为 E_1，则

$$E_1 = p(1-q)\times 0 + pq(1-u)(-C) + pqu[(m+n)\Delta V + \alpha\Delta V - C] + (1-p)(1-q)\times 0 + (1-p)q(-C)$$

对 q 求一阶导数得：

$$\frac{\partial E_1}{\partial q} = pu(\alpha\Delta V + m\Delta V + n\Delta V) - C = 0$$

推导可得到寻租概率 p 的最优值为

$$p^* = \frac{C}{u(\alpha\Delta V + m\Delta V + n\Delta V)}$$

由于概率的取值范围为 0—1，所以要求 C ≤ u（αΔV + mΔV + nΔV），但在实际中有可能出现 C > u（αΔV + mΔV + nΔV）的情况，此时 $p^* = 1$，因此

$$p^* = \begin{cases} \dfrac{C}{u(\alpha\Delta V + m\Delta V + n\Delta V)} & C \leqslant u(\alpha\Delta V + m\Delta V + n\Delta V) \\ 1 & C > u(\alpha\Delta V + m\Delta V + n\Delta V) \end{cases}$$

$p > p^*$ 时，监督人进行监督最为有利，$p < p^*$ 时，监督人选择不进行监督对其最有利，当 $p = p^*$ 时，监督人监督和不监督都一样；

设租人接受寻租与不接受寻租时的期望总收益为 E_2，则

$$E_2 = p(1-q)(S+\alpha\Delta V) + pq(1-u)(S+\alpha\Delta V) + pqu(-m\Delta V) + (1-p)(1-q)S + (1-p)qS$$

对 p 求一阶导数得：

$$\frac{\partial E_2}{\partial p} = \alpha\Delta V - Squ - \alpha qu\Delta V - mqu\Delta V = 0$$

推导可得监督人监督概率的最优值为：

$$q_1^* = \frac{\alpha\Delta V}{u(S+\alpha\Delta V+m\Delta V)}$$

当 $q<q_1^*$ 时，设租人的最优选择为接受寻租，$q>q_1^*$ 时，设租人的最优选择为不接受寻租，$q=q_1^*$ 时，设租人接受寻租和不接受寻租的收益相等；

寻租人进行寻租与不进行寻租时的期望总收益为 E_3，则

$$E_3 = p(1-q)(V+\Delta V-\alpha\Delta V) + pq(1-u)(V+\Delta V-\alpha\Delta V) + pqu(V-n\Delta V-\alpha\Delta V) + (1-p)(1-q)V + (1-p)qV$$

对 p 求一阶导数得：

$$\frac{\partial E_3}{\partial p} = \Delta V + qu(V-\alpha\Delta V-n\Delta V) - \alpha\Delta V - Vqu - qu\Delta V + \alpha qu\Delta V = 0$$

推导可得监督人监督概率的最优值为：

$$q_2^* = \frac{1-\alpha}{u(1+n)}$$

当 $q<q_2^*$ 时，寻租人的最优选择为寻租，当 $q>q_2^*$ 时，寻租人的最优选择为不寻租，$q=q_2^*$ 时，寻租人寻租和不寻租的收益相等。

综合上面的计算可得出高校科技成果评价中寻租问题三方博弈模型的混合战略纳什均衡解为：

$$(p^*, q_1^*) = \left(\frac{C}{u(\alpha\Delta V+m\Delta V+n\Delta V)}, \frac{\alpha\Delta V}{u(S+\alpha\Delta V+m\Delta V)}\right)$$

$$(p^*, q_2^*) = \left(\frac{C}{u(\alpha\Delta V+m\Delta V+n\Delta V)}, \frac{1-\alpha}{u(1+n)}\right)$$

当 $C>u(\alpha\Delta V+m\Delta V+n\Delta V)$ 时，

$$(p^*, q_1^*) = \left(1, \frac{\alpha\Delta V}{u(S+\alpha\Delta V+m\Delta V)}\right)$$

$$(p^*, q^{**}) = \left(1, \frac{1-\alpha}{u(1+n)}\right)$$

2.4.3 对寻租概率最优解的讨论

对寻租问题三方动态博弈均衡解进行讨论，可以为解决高校科技成果评价中的寻租问题提供有意义的指导。由 $p^* = \frac{C}{u(\alpha\Delta V+m\Delta V+n\Delta V)}$ 可知，

寻租概率最优值 p^* 与监督成本 C、监督成功的概率 u、寻租人的寻租成本 $\alpha\Delta v$、监督人发现寻租行为后对设租人的罚款 $m\Delta v$ 以及对寻租人的罚款 $n\Delta v$ 有关。p^* 随着监督成本的增加而增加，即监督成本 C 越高，寻租行为越不容易被发现，越可能发生寻租行为；p^* 随着监督成功概率 u 的增加而减少，即监督成功的概率 u 越大，寻租行为越容易被发现，寻租行为也就越不容易发生；p^* 随着监督人发现寻租行为后对设租人的罚款 $m\Delta v$ 和对寻租人的罚款 $n\Delta v$ 的增加而减少，即对寻租行为的惩罚越严厉，寻租行为的机会成本就越高，就越能减少寻租行为的发生；p^* 随着寻租人的寻租成本 $\alpha\Delta v$ 的增加而减小，因为寻租成本 $\alpha\Delta v$ 越大，寻租人的寻租收益越小，寻租人就越没有动力进行寻租，相应的就没有监督的必要了。$\alpha\Delta V$ 对寻租人来讲是寻租成本，对设租人来讲是设租收益，因此 $\alpha\Delta V$ 对于寻租人和设租人的影响是相反的，从设租人角度考虑，$\alpha\Delta V$ 越大即设租人的权力越大，就越应该加大监管力度。

2.4.4 设租人利益最大化时博弈均衡解的影响因素分析

如果把寻租活动中设租人的利益放在第一位，寻租者的利益放在第二位，则委托人将以最优概率 $q_1^* = \frac{\alpha\Delta V}{u\ (S + \alpha\Delta V + m\Delta V)}$进行监督。设租人利益最大化情况下的纳什均衡解为（$p^*$，$q_1^*$），此时监督人的最优监督概率为 q_1^*，从上面的公式可知，q_1^* 与设租人的设租支付 $\alpha\Delta v$、设租人的正常支付 S、监督成功的概率 $\bar{P}$ 及寻租行为被发现后对设租人的罚款 $m\Delta v$ 有关。如果设租人的设租收益 $\alpha\Delta v = 0$，则 $\bar{P} = 0$，即没有设租行为的时候无需监督；随着设租人的设租收益 $\bar{P}$ 的增加，监督人的监督概率也相应增加；委托人的最优监督概率 q_1^* 随监督成功的概率 u 的增加而增加，随设租人正常支付 S 的增加而减少；监督人发现寻租行为后对设租人的罚款 $m\Delta v$ 越大，就越能减少寻租行为的发生。

2.4.5 寻租者利益最大化时博弈均衡解的影响因素分析

如果把寻租活动中寻租人利益放在第一位，设租人利益放在第二位，则委托人将以最优概率 $q_2^* = \frac{1-\alpha}{u\ (1+n)}$进行监督。寻租者利益最大化情况下的纳什均衡解为（$p^*$，$q_2^*$），此时监督人的最优监督概率为 q_2^*，从上面的公式可知，q_2^* 与监督人监督成功的概率 u、监督人发现寻租行为后对寻租人罚款系数 n、寻租人寻租成本系数 α 有关。α 越大，寻租人的寻租成本越高，寻租收益越小，寻租概率相应地会减小，所以 q_2^* 也越小；如果 $\alpha = 0$，则寻租人的寻租成本和设租人的设租收益 $\alpha\Delta v$ 都为 0，寻租人的收益达到最大值

$V+\Delta V$，当设租人和寻租人为同一个人的时候，就属于此种情况，此时三方寻租博弈实际上就演化为两方博弈，这时监督概率 q_2^* 也最大；如果 $\alpha=1$，此时寻租人通过寻租获得的额外收益 ΔV 刚好能够弥补寻租成本，寻租已经无利可图，因此毫无必要进行寻租，监督也就没有必要了，所以 $q_2^*=0$。监督成功的概率为越大，$\frac{\partial E_1}{\partial q}=pu(\alpha\Delta V+m\Delta V+n\Delta V)-C=0$ 越小；委托人的最优监督概率 $\frac{C}{u(\alpha\Delta V+m\Delta V+n\Delta V)}$ 随着对寻租人的罚款系数 $\frac{\partial E_2}{\partial p}=\alpha\Delta V-Squ-\alpha qu\Delta V-mqu\Delta V=0$ 的增加而减小，即对寻租行为的惩罚越严厉，就越能减少寻租行为的发生，最优监督概率也就相应降低了。

第五章　抑制高校科技成果评价中信息不对称问题的对策

通过前面的分析可知，我国高校科技成果评价中的信息不对称问题的原因主要表现为以下几个方面，如图5.1所示。

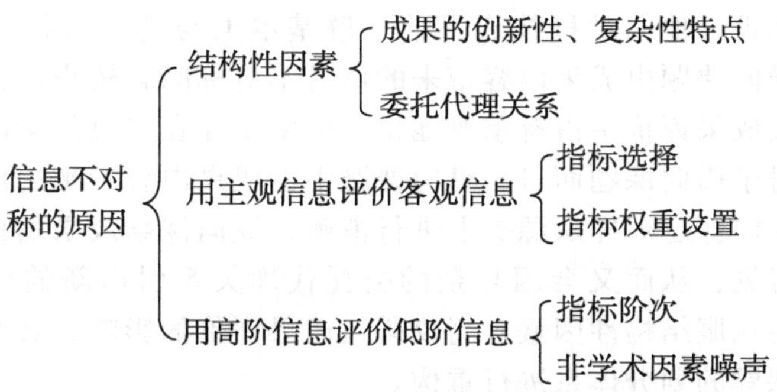

图5.1　信息不对称的原因

其中由高校科技成果的创新性、复杂性特点和由委托代理关系带来的信息不对称属于结构性因素导致的信息不对称，可以通过按“科学课题”与“技术课题”重新划分横向课题和纵向课题的方法予以克服；用主观信息评价客观信息导致的信息不对称，可以通过将主观信息客观化来解决，具体做法是运用优化高校科技成果评价指标体系来解决指标选择造成的信息不对称问题，运用层次分析法和熵值分析法来解决指标权重设置导致的信息不对称问题；用高阶信息评价低阶信息导致的信息不对称可以分为指标阶次和非学术因素噪声类型，其中指标阶次导致的信息失真可以采用降低高校科技成果评价指标阶次的方法。对非学术因素噪声导致的信息失真，本书主要采用的手段是降噪。最后，本书提出了解决我国高校科技成果评价中信息不对称问题的解决方案，即构建市场导向的高校科技成果评价体系。

1. 克服结构性因素对高校科技成果评价的影响

结构性因素导致的高校科技成果评价中的信息不对称问题主要体现在两个方面，其一是由高校科技成果的创新性、复杂性特点带来的信息不对称，属于成果内容形成的信息不对称。高科技含量的门槛决定了高校科技成果的完成者和实际使用需求方以外的其他人，很难对高校科技成果的科技水平和满足实际生产应用的情况做准确的判断。其二是由高校科技成果评价的委托代理关系带来的信息不对称，体现为项目委托方、评审专家和高校科技工作者的信息不对称，这属于参与人之间的信息不对称。以上带来信息不对称的两种原因都属于结构性的因素。

高校科技成果主要来自完成由纵向课题和横向课题取得的成果。其中，横向课题由于是用户根据自己的实际需求委托高校科技工作者进行开发的，项目的委托人本身就是成果的直接使用者，他们对横向课题完成的质量有直接的体验和认识，他们对科技成果的了解基本上与高校科技工作者是相当的。因此，横向课题由成果内容带来的信息不对称问题较小。而纵向课题虽然在高校科技成果评价中占有重要地位，但由于存在严重的实际需求方缺位的问题，相对于横向课题而言，纵向课题中由成果内容带来的信息不对称问题就无法像横向课题那样从源头上进行消解，纵向课题成果的评价就更依赖评审专家的意见，从而又会因复杂的委托代理关系引出新的信息不对称问题。为此，要克服结构性因素对高校科技成果评价的影响，必须对当前横向课题和纵向课题的划分体系进行重构。

1.1 取消“纵向、横向课题”的划分方式

世界上最早提出科学评价标准的是英国实验科学创始人弗朗西斯·培根（Francis Bacon）。培根认为，科学评价有内部和外部两个标准，内部标准强调的是科学的真理性，需要进行推理和证明；外部标准强调的是工具性和实用性。对于这两个标准，培根更加重视外部标准，他提出“只有把新概念成功地运用于实际，才是正确性的最终象征”。但是，由于在科学发展的初期，科学理论的真理性具有更强的时代意义，受到人们更大的重视，导致人们渐渐忽视了科学的实用性和工具性，这种倾向在科学诞生之初的小科学时代带来的问题并不严重，甚至具有一定的合理性，但随着科学技术的迅猛发展，忽视科学评价的外部标准带来的弊端就非常严重了。① 它导致的最直接的后果就是在科学管理上，混淆“科学”与“技术”的区别，用对“科学”的评价方法来评价“技术”，即将适用于科学领域的同行评议法直接应用于对“技术”的评价。“科学成果”与“技术成果”虽然有紧密的联系，但是却存在明显的不同，主要表现在以下几个方面：

第一，评价主体不同。科学理论成果的评价主体是同行专家，技术成果

① 张彦：《论科学评价的社会学机制》，《南京大学学报（哲学·人文科学·社会科学）》1995年第4期，第60—66页。

的评价主体应该是市场。

第二，评价标准不同。科学理论成果的评价标准侧重于科学性和真理性，而技术成果的评价标准侧重于实用性和工具性。

第三，评价周期不同。科学理论成果的评价周期比较长，技术成果的评价周期比较短，能否取得实际应用价值一经使用就能知道。①

用同行专家来评价技术成果给人们造成了认识上的错觉，即只有同行专家认可的“技术”才是高水平的技术，这里面市场的因素和“技术”的实际应用情况被忽略了。技术的本质其实是运用科学知识来解决生产生活中的实际问题，对技术的实际应用进行评价，并不是同行专家擅长的领域。

要克服这种结构性信息不对称问题，就要改变当前这种不合理的课题划分模式，一方面要取消当前“纵向课题”与“横向课题”的划分方法；另一方面就是要按照“科学课题”和“技术课题”来重新划分课题类型。根据前面的分析，科技成果可以分为“科学成果”和“技术成果”两大类，“科学成果”主要表现为论文和著作，“技术成果”主要表现为专利、技术解决方案、科技产品等，这些技术成果的共同特征是都解决了市场需求方在生产生活中的实际问题。新的课题划分模式将原来的“横向课题”的全部和“纵向课题”中的技术开发与应用部分统一定义为“技术课题”，原来“纵向课题”中的基础理论研究，因为没有实际用户，所以仍应该由政府资助进行研究，可以把这部分课题定义为“科学课题”。

1.2　发挥市场对“技术课题”成果的评价作用

“技术课题”因为有实际的需求委托方，属于市场上平等主体之间的委托代理关系，属于市场行为，所以“技术课题”成果不应该直接由市场进行评价。由市场对“技术课题”成果进行检验不仅能做到简单高效，更能很好地解决当前高校科技成果转化率低的问题。市场可以说是迄今为止人类发明的最聪明的评价机制，它既简单又实用，实践已经证明了对那些复杂的问题，不论是整个国民经济的运行还是某种高深莫测的复杂脑力劳动成果，通过市场价格机制的引导和需求的检验，很快就能获得完美的解决，市场就是这样一种化复杂为简单的评价机制。关于市场在计算和评价方面的出色表现，有兴趣的人可以读一下哈耶克的《致命的自负》和《通往奴役之路》。

将“技术课题”成果交给市场来评价还要把专利剔除在高校科技成果评

① 张彦：《论科学与技术在社会学上的三个主要区别》，《南京社会科学》1998 年第 8 期，第 31—36 页。

价范围之外，如果是申请了专利就能认定为科技成果，将会造成没有应用价值的“僵尸”专利的情况。

将专利剔除在高校科技成果评价范围之外，并不意味着专利不重要，也不是说不鼓励将高校科技成果申请专利来进行知识产权保护，而是说将“技术课题”成果交给市场评价后，如果这个成果在市场的实际应用中能够取得良好的效果，就说明它被市场接受了，这是对科技工作者贡献的最好的评价方式。

1.3 缩减行政体系评价范围

将“技术课题”成果交给市场去评价，会大大减轻管理部门的压力，如图 5.2 所示，图中的阴影部分是重新划分课题类型前后，管理部门需要评价的成果范围，重新划分课题类型后，相关部门评价对象的范围将由图左面的大阴影部分缩减为图右面的小阴影部分。由于评价对象的减少，就可以对科技成果进行更精确的把控，专家就能集中精力对所研究的对象收集更多的信息。这样源自参与人的结构性信息不对称就会得到缓解。

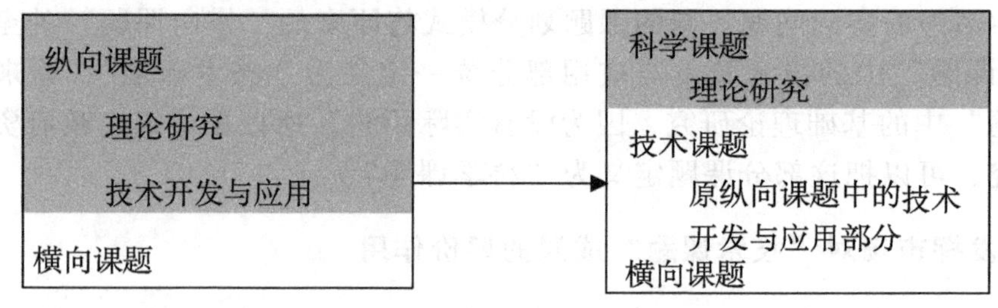

图 5.2 重新划分科研课题类型

“科学课题”成果主要表现为论文和著作。作为基础研究，因为没有实际用户，市场调节发挥不了作用，所以“科学课题”仍应该由政府资助进行研究。对这部分科技成果的评价可以采用同行评议与文献计量相结合的评价方式。本书在后面提出的优化高校科技成果评价指标体系，并运用层次分析法和熵值分析法来确定评价指标权重的主观信息客观化思路，用“降阶”解决高校科技成果评价中用高阶信息评价低阶信息问题的办法以及减少非学术因素噪声对高校科技成果评价的干扰的对策对“科学课题”成果同样适用，这些具体的解决办法后面会有详细的阐述。

“科学课题”成果的评价可以在一定程度上借鉴市场化的评价方式。市场的考核方式都是根据已经完成工作的数量和质量进行考核和奖励。对“科学课题”成果完全可以实行一篇论文、一本著作只奖励一次，不计入日后的任何评审。这种奖励方式可以激励高校科技工作者在科学的道路上不断攀登，避免高校科技成果评价中的重复奖励和激励不足问题。

2. 优化高校科技成果的评价指标体系

评价指标体系对高校科研活动起着重要导向作用，建立科学、完善的高校科技成果评价指标体系是正确进行高校科技成果评价的基本前提。当前，我国高校科技成果评价指标体系的构建和运用虽然取得了一定的成绩，但远未达到完善和优化的程度。本书从增加对成果内容真实性的审查、建立分类评价指标体系、强调高校科技成果的实际应用与贡献、实行高校科技成果评价的质量导向、实行教学和科研并重、增加高校科技成果评价的信息化指标等几个方面提出了优化我国高校科技成果评价指标体系的措施。

2.1　增加对成果内容真实性的审查

高校科技成果评价是评价主体对科技成果的水平和价值进行判断的过程，也是评价主体对高校科技工作者发出信号的信息甄别过程。既然高校科技成果评价是一个价值判断和信息甄别的过程，那么增加对成果内容真实性的审查就是题中应有之意。科技成果最重要的属性就是它的真实性。增加对高校科技成果内容真实性的审查就是要在评价开始之前首先对成果是否存在剽窃、抄袭、占有他人研究成果，或者伪造、修改研究数据等学术不端行为进行审查和公示。

2.2　建立分类评价指标体系

高校科技成果评价应建立起科技界公认的，适应社会经济发展对高等教育需求的，针对不同类型科技成果和学科特点的高校科技成果评价指标体系。为了能更准确、客观地评价高校科技成果的质量和价值，也为了促进我国高校科研工作更好地服务于经济社会建设，优化高校科研结构，有必要建立能够反映不同类型研究活动和不同学科研究成果特点的、多元化的高校科技成果分类评价指标体系。

建立高校科技成果分类评价指标体系首先要按照高校科技成果的不同类型进行细分，并分别制定每一类别的评价标准。根据同类事物可比的原则，高校科技成果可以分为基础研究成果、应用研究成果和软科学研究成果。基础研究成果的评价指标体系不应要求其在经济和社会活动中取得立竿见影的成绩，而应以创新性为评价导向，着重考察其学术价值和理论原创性，对其进行真理性评价，主要以其在科学上的新发现、新知识、新原理和新方法等原创性成果为评价内容。根据基础研究失败风险大的特点，可以考虑增设“失败后评价”和“非共识评价”，不应太过强调成果导向，失败有时也是一种成功，应考虑在鼓励大胆探索、宽容失败的基础上构建评价指标。基础研究成果在短期内一般很难显示出其全部价值，应适当延长评价周期；对应用研究成果的评价应以实际应用为导向，结合国家和地方经济、社会发展的实际需要，以关键技术的创新与集成水平、自主性知识产权的产出、潜在的经济效益、社会效益等要素为主要评价标准。对软科学研究成果的评价应以服务决策需求、形成战略研究报告、支撑思想库智囊团建设为评价重点。由于软科学研究成果的目标是为各级管理决策部门提供咨询服务，因此，对软科学研究成果的评价标准应侧重该项成果是否被决策部门采纳及其社会影响力。

建立高校科技成果评价的分类评价指标体系除了要考虑科研活动的不同类型以外，另一个要考虑的分类标准就是学科差异，不同学科之间无论是在研究对象、研究范式、知识属性、价值取向、学科生产方式上还是在成果表现形式上均有其与众不同的规律，这些差异构成了学科分类评价的根据，要根据不同学科的特点，分别制定突出学科特点、适应学科发展规律的评价标准和办法。目前高校科技成果评价采用的是源自西方主要适用于评价自然科学基础研究的评价方法和评价标准，对不同学科间的差异没有给予足够的重视。与自然科学和工程技术科学相比，人文学科和社会科学具有学科构成的复杂性、多元性、民族性、阶级性、本土性，真理检验的潜在性、间接性、滞后性，成果的多样性以及引文的长周期性等显著特征，因此，对人文社会科学研究成果的评价应尽量多采用事后评价、“延时评价”的方法；要充分考虑到人文社会科学研究成果的多样性，适当扩大成果统计范围；要尊重人文社会科学研究的多元性，提倡评价标准的多元化；尊重人文社会科学研究的本土性特征，避免用国际期刊论文评价本土研究产生的水土不服问题；在自然科学内部，也要注意区分理科与工科的不同特点，在评价过程中不宜使用完全相同的量化标准。总之，由于学科的差异实在太大，各学科宜采用适合于本学科分析的量化标准。即使对于被收论文数、学术期刊的影响因子和论文被引用的频次等，也要尽量区分学科，甚至二级和三级学科，而且宜在学科内比较，少搞甚至不搞跨学科比较。

2.3 强调高校科技成果的实际应用与贡献

优化我国高校科技成果评价指标体系的另一项措施就是要增加高校科技成果在社会经济发展贡献方面的指标及其权重，特别是对应用研究和开发研究成果，改变单纯以论文、获奖为主的考核评价方式，引导高校和高校科技工作者从脱离社会需求的象牙塔中走出来，把科学研究的重心转移到解决经济社会发展的实际问题上来。

2.4 实行高校科技成果评价的质量导向

优化高校科技成果评价指标体系还要建立质量导向的评价理念。在我国科技发展水平已经取得巨大进步的情况下，应建立定性与定量、过程与结果、短期效益与长期效益、直接效益与综合效益相结合，以科研质量和创新能力为导向的高校科技成果评价指标体系，鼓励高校科技工作者潜心研究，才能取得真正具有突破性的重大科技成果。① 为此，首先可以探索实施高校科技成果评价的代表作制度，在限定参评成果数量的同时，对不同质量等级的科研成果赋予不同的权重，从而引导高校科技工作者完成高水平的成果。其次，要适度淡化高校科技成果评价的激励约束功能，适当延长评价考核周期，营造宽松的科研环境。唯有如此，才能产出真正高水平的科研成果。

2.5 实行教学和科研并重

优化高校科技成果评价指标体系实行教学和科研并重。将教学改革研究成果，例如高校教师发表的教研论文，指导学生竞赛取得的成果和奖励、课程建设、专业建设和教材建设成果等都作为高校科技成果评价的重要指标内容，着力加强教学和科研的深度结合，引导学生积极参与科研实践，以科研能力带动教学水平的提高，体现科研在高校人才培养中的特色和支撑作用。② 唯有如此，才能真正体现出高校科技成果评价与科研院所科技成果评价的区别。

2.6 增加高校科技成果评价的信息化指标

优化高校科技成果评价指标体系还要增加信息化指标。虽然当前传统的知识分享和传播方式仍占据主流，但现代通信技术、互联网技术和多媒体技术的飞速发展早已打破知识传播的时空界限，全球知识网络的生产和消费将会越来越多元化，开放存取也为知识访问提供了新方式，这种变化必然会对

① 张喜爱：《试论当前高校科研评价工作的改进与完善》，《技术与创新管理》2011 年第 6 期，第 594—597 页。

② 李军锋：《深化高校科技人才评价机制改革》，《中国高等教育》2014 年第 18 期，第 53—55 页。

高校科技成果的传播和评价产生深远的影响。据统计，全球的传统纸质期刊一篇文章2年之内平均被不到7个人阅读，而在开源的电子期刊模式下，一篇论文一年平均被下载1000多次，而且还是免费下载。过去几年，开源期刊发展势头很猛，仅2013年一年，SCI收录的190万余篇论文中，来自开源期刊的就将近20万篇。开源期刊，又叫“开放存取”简称OA（Open Access），按照布达佩斯开放存取先导计划BOAI（Budapest Open Access Initiative）中的定义，[①] 是指某文献在Internet公共领域里可以被免费获取，允许任何用户阅读、下载、拷贝、传递、打印、检索、超级链接该文献，并为之建立索引，用作软件的数据输入或其他任何合法用途。用户在使用该文献时不受财力、法律或技术的限制，而只需在存取时保持文献的完整性，对其复制和传递的唯一限制，或者说版权的唯一作用应是使作者有权控制其作品的完整性及作品被准确接受和引用。[②]

据报道，从2014年3月开始，美国要求联邦政府经费资助的科研成果要在开源期刊上发表。以往传统出版巨头依靠垄断把持了大量学术出版资源，向作者和读者双向收费，获取高额利润，间接导致广大学者读不到很多文章。相较之下，英国做得更进一步，从2014年4月份，英国政府就开始强制性地要求政府支持的科研项目必须在开源期刊上发表，不在开源期刊上发表则不能满足最后结题要求。[③]

其实，除了影响因子，还有很多指标可以评价论文的水平和价值。2016年7月美国微生物学会（ASM）宣布旗下期刊不再支持影响因子，原因就是如果期刊过分看重影响因子的话，为了使计算时的分母变小，会限制刊发论文数量，创造出一种排他性的印象。与传统的SCI影响因子不同，2012年，谷歌学术（Google Scholar）推出了一个杂志评价系统，即谷歌学术计量（Google Scholar Metrics），用来评价各个领域杂志的影响力。到目前为止，谷歌已经连续四年发布了杂志学术计量报告，其中最重要的是H5指数，和影响因子相比，H5指数的优势明显：与影响因子只基于过去两年数据不同，谷歌学术指标统计过去五年的数据，因而更加体现一个出版物的持久影响力，而不仅仅是当前的热度；H5指数的评价方式，更接近于中位数。对于

① 王凤产：《期刊开放存取及其策略研究》，《中国科技期刊研究》2009年第2期，第248—251页。

② 张玉、苏磊、葛建平、蔡斐：《关于科技期刊开放存取的几点认识与思考》，《编辑学报》2015第S1期。

③ 《开源期刊的迷茫与出路》，千人智库网，http：//www.1000thinktank.com/ztbd/1163.jhtml，2014-09-29。

引用率的分布存在很大偏离的期刊来说，不会像影响因子那样很容易受一篇高引用文章的扭曲；谷歌学术数据库收录范围非常广泛，不仅包括学术期刊，而且还收录书籍、会议以及各种预印本；最重要的是，JCR 的影响因子报告查询是收费的，而谷歌学术 H5 指数的查询是免费的。

此外还有很多更适合于网络时代的新兴的论文评价指标，比如 Altmetric 评分、RG 因子等。Altmetric 评分更侧重于大众和网络影响力，它根据新闻报纸、博客、微博、论坛等不同社会化媒体引用文献的次数，并对不同社会化媒体设定不同的权重来计算论文的评分。这些社会化媒体对论文的引用情况在传统的影响因子统计中是根本不会被统计的。RG 因子是号称科研人员自己的 FaceBook 的 ResearchGate 推出的一个评价作者的指标。RG 因子推出的目的是为了帮助科技工作者评价自己在科学圈内处于什么水平，计算方法并不是自己发表了多少文章，而是自己的科研工作被同行认可的程度。RG 因子不同于传统评价指标之处，在于可以统计更多的信息，如下载、浏览、分享等。RG 因子不同于 Altmetric 评分之处在于 RG Score 更侧重于分享，如果和同行分享自己的 Idea，并得到同行的认可和讨论，那么 RG 因子增长就会很快。①

3. 科学确定评价指标的权重

本书根据高校科技工作者个体以及高校整体科技成果的不同情况，分别采用层次分析法和熵值分析法来确定评价指标的权重，以达到将主观信息客观化的目的。层次分析法是将主观指标客观化、定量化的很有效的工具，本书将用此法对高校个体科技工作者的科技成果情况进行评价；熵值分析法是根据评价对象的大量历史数据来确定评价指标客观权重的客观赋权法，本书将用此法对高校整体的科技成果情况进行评价。

3.1 运用层次分析法将主观指标客观化

层次分析法克服了传统科技成果评价中存在的对评价指标权重进行主观随意赋值的问题，将主观指标客观化、定量化，能够为高校科技成果评价提供强有力的数学指导工具，同时也使评价工作更趋于公平公正。

① 《谷歌指数将取代 SCI 影响因子?》，MedSci 梅斯网，http：//www.medsci.cn/article/show_article.do? id = 029be3554eb，2016 - 07 - 23。

3.1.1 建立层次分析模型

运用层次分析法首先要建立一个递阶层次结构模型，本书在参照当前我国高校科技成果评价中比较常见的评价指标基础上，把对每个高校科技工作者个人的科研水平作为考核目标层，在目标层之下建立一级准则层和二级准则层，最后建立决策层。具体的层次分析基础模型如图 5.3 所示。一级准则层包括教学研究 B1 和科学研究 B2，一级准则层教学研究 B1 下面包含 4 个二级准则层：教学建设 C1、竞赛获奖 C2、教改立项 C3 和教改论文 C4。一级准则层科学研究 B2 下面包含 6 个二级准则层：横向课题 C5、纵向课题 C6、著作 C7、论文 C8、专利及软件版权 C9 和科技成果奖 C10。

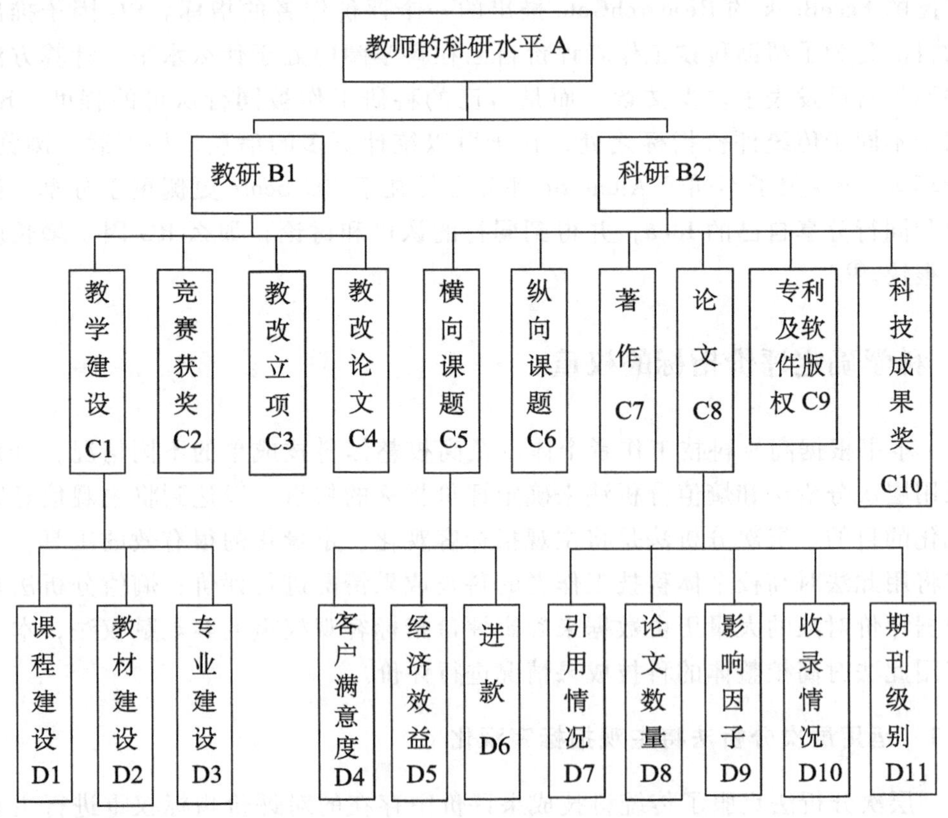

图 5.3 高校科技成果评价的 AHP 模型

3.1.2 构造对比矩阵

从递阶层次结构模型的第二层到最后一层，把影响上一层的每一个元素进行两两比较形成对比矩阵。层次分析模型中某一层次的指标集合 $X = \{x_1, \cdots, x_n\}$，其中任意某一个指标 x_i，与该层次内其他所有指标 x_j（包括

x_i自身）进行两两比较，i，$j=1$，…，n，形成如表5.1所示的指标间相对重要性比例尺度。这些基本评估尺度包括相等、略重要、重要、很重要、极重要5个级别，其相对应的数值尺度为（1，3，5，7，9），介于其中的折中值为（2，4，6，8）。

本书所采用的指标及其权重分配与传统做法存在很大差异，主要表现在以下几个方面：

表5.1　指标间相对重要性的比例尺度

x_i与x_j指标相比	极重要	很重要	重要	略重要	相等	略不重要	不重要	很不重要	极不重要
xi的指标	9	7	5	3	1	1/3	1/5	1/7	1/9
备注	取8，6，4，2，1/8，1/6，1/4，1/2为评价中间值								

引入市场评价。现行的高校科技成果评价考核指标多数与市场无关。例如客户对科技成果的满意度在目前的高校科技成果评价中所占比重很低。

本书对指标重要程度进行排序的一个重要原则就是以用户为核心，更接近市场化的设计方式。科技成果的实用性是由用户和市场来决定，所以科研项目的实用性、客户满意程度、经济效益这些与客户需求相关的指标，应该是所有指标中最重要的指标。

弱化检索指标。让检索的功能回归检索，不要跨界到高校科技成果评价体系中。类似于SCI、EI、CA、ISTP、ISR这样的检索本来是纸媒时代方便科技工作者查阅资料用的工具，在网络检索如此发达的情况下，这些过时的检索工具已经失去了其存在的意义，却意外地成了我国高校科技成果评价的重要考核指标。本书依旧保留了影响因子、收录情况等指标，但不占重要比重。

下面对图5.3中所设置的指标建立判断矩阵，最上层为目标层A，其下层为元素教研B_1，科研B_2。建立矩阵A如下：

$$Av=\begin{bmatrix}1 & 2\\ 1/2 & 1\end{bmatrix}$$

这是一个二阶正互反矩阵，矩阵的对角线上的元素值为1，矩阵以对角线为对称轴，两侧的元素互为倒数，即满足：

$$a_{ij}=\frac{1}{a_{ji}}$$

如矩阵中$a_{12}=2$的含义是元素B_1（教研）比B_2（科研）稍微重要一些。

3.1.3 计算权向量并作一致性检验

如果一致性检验通过，每个两两对比矩阵的特征向量就是权向量。如果通不过一致性检验，就要重新建立对比矩阵。①

对 n 阶方矩阵 A 其特征值定义如下，若存在数 λ 和 n 维非零向量 v，使关系式 $Av=\lambda v$ 成立，那么，这样的数 λ 称为方阵 A 的特征值，非零向量 v 称为 A 的特征向量。满足这样条件的 λ 并不唯一。在对比矩阵求解过程中取 λ 最大值 λ_{max} 作为验证指标，将其对应的特征向量进行归一化处理，求出最终的因素权重值。

下面是计算的最终结果：

（a）矩阵 A

$$Av=\begin{bmatrix}1 & 2\\ 1/2 & 1\end{bmatrix}$$

特征值为 $\lambda=\begin{bmatrix}2\\0\end{bmatrix}$

特征向量为 $v=\begin{bmatrix}0.894 & -0.894\\ 0.447 & 0.447\end{bmatrix}$

其中第1个特征值对应第1列特征向量，第2个特征值对应第2列特征向量。

取特征值 $\lambda_{max}=2$，特征向量 $v=\begin{bmatrix}0.894\\0.447\end{bmatrix}$

将向量归一化，得权重指标 $w=\begin{bmatrix}0.667\\0.333\end{bmatrix}$

（b）矩阵 B_1

取特征值 $\lambda_{max}=4.043$，特征向量 $v=\begin{bmatrix}0.892\\0.398\\0.152\\0.152\end{bmatrix}$

由于因素个数 >3，因此需要对计算结果进行一致性校验。一致性校验是指比较矩阵 n 阶方阵中的元素满足：

$$a_{ij}a_{jk}=a_{ik}$$

比较矩阵的秩为 n，其对应的特征向量归一化所得的值与真实的权重一

① 翟英：《科技创新对促进陕西农业发展的技术经济评价》，西北农林科技大学2007年硕士学位论文。

致。根据比较矩阵的定理可知，如果 n 阶矩阵是不一致性矩阵，其特征值中的最大值必然大于 n，即 $\lambda_{max} > n$。如果该值与 n 差别越大则越偏离一致性，可以容许一定量的偏离，但不能过大。一致性判定按下面的方法进行：

首先定义一致性指标 $CI = \frac{\lambda - n}{n - 1}$，如果该指标为0，说明 $\lambda = n$，满足一致性指标，CI 很小说明比较接近一致性，CI 指标越大一致性越差。但指标在什么范围内是可容许的呢？这需要引入随机一致性指标 RI，RI 的值是人工方法用500个随机对比矩阵生成的一系列参考值，具体的生成方法略。

如表5.2所示是随机一致性指标 RI。

表5.2　随机一致性指标 RI

0	1	2	3	4	5	6	7	8	9	10	11
RI	0	0	0.58	0.9	1.12	1.24	1.32	1.41	1.45	1.49	1.51

定义一致性比率：$CR = \frac{CI}{RI}$

当一致性比率 $CR < 0.1$ 时，认为 A 的不一致程度在容许范围之内，有满意的一致性，如果不满足一致性，需要重新调整数值，达到一致性。

矩阵 $B1$ 的一致性校验过程如下：

$$CI = \frac{\lambda - n}{n - 1} = \frac{4.043 - 4}{4 - 1} = 0.014$$

$$RI = 0.9$$

$$CR = \frac{CI}{RI} = \frac{0.014}{0.9} = 0.016 < 0.1$$

说明矩阵 B_1 满足一致性校验。

矩阵 B_1 的权重值对特征向量进行归一化，结果为：

$$w = \begin{bmatrix} 0.56 \\ 0.249 \\ 0.095 \\ 0.095 \end{bmatrix}$$

（c）矩阵 B_2 的特征值为：$\lambda = 6.42$

$$CI = \frac{\lambda - n}{n - 1} = \frac{6.42 - 6}{6 - 1} = 0.084$$

$$RI = 1.24$$

$$CR = \frac{CI}{RI} = \frac{0.084}{1.24} = 0.068 < 0.1\text{，满足一致性校验。}$$

特征向量：$v=\begin{bmatrix}0.837\\0.471\\0.227\\0.138\\0.076\\0.046\end{bmatrix}$，归一化权重 $w=\begin{bmatrix}0.466\\0.262\\0.126\\0.077\\0.042\\0.026\end{bmatrix}$

（d）矩阵 C_1 的特征值为：$\lambda=3.039$

$$CI=\frac{\lambda-n}{n-1}=\frac{3.039-3}{3-1}=0.019$$

$$RI=0.58$$

$$CR=\frac{CI}{RI}=\frac{0.019}{0.58}=0.033<0.1$$，满足一致性校验。

特征向量：$v=\begin{bmatrix}0.917\\0.371\\0.151\end{bmatrix}$

归一化权重 $w=\begin{bmatrix}0.637\\0.258\\0.105\end{bmatrix}$

（e）矩阵 C_5 的特征值为：$\lambda=3.018$

$$CI=\frac{\lambda-n}{n-1}=\frac{3.018-3}{3-1}=0.0091$$

$$RI=0.58$$

$$CR=\frac{CI}{RI}=\frac{0.0091}{0.58}=0.016<0.1$$，满足一致性校验。

特征向量：$v=\begin{bmatrix}0.915\\0.349\\0.200\end{bmatrix}$

归一化权重：$w=\begin{bmatrix}0.625\\0.238\\0.136\end{bmatrix}$

（f）矩阵 $C8$ 的特征值为：$\lambda=5.283$

$$CI=\frac{\lambda-n}{n-1}=\frac{5.283-5}{5-1}=0.071$$

$$RI=1.12$$

$$CR=\frac{CI}{RI}=\frac{0.071}{1.12}=0.063<0.1$$，满足一致性校验。

$$特征向量：v=\begin{bmatrix}-0.961\\-0.19\\-0.12\\-0.138\\-0.08\end{bmatrix}，归一化权重：w=\begin{bmatrix}0.645\\0.128\\0.081\\0.093\\0.054\end{bmatrix}$$

3.1.4　组合权向量决策

对所选因素指标进行层次化组合，形成最终权重指标，这些最终权重值代表了该因素对目标的影响程度，组合权重如表 5.3 所示。

表 5.3　教师科研能力评价指标权重表

	一级指标 w_1	二级指标 w_2	三级指标 w_3	权重 w
教师的科研水平 A	教研 B1（0.667）	教学建设 C1（0.56）	课程建设 D1（0.636）	0.238
			教材建设 D2（0.258）	0.096
			专业建设 D3（0.105）	0.039
		竞赛获奖 C2（0.249）		0.667
		教改立项 C3（0.095）		0.166
		教改论文 C4（0.095）		0.063
	科研 B2（0.333）	横向课题 C5（0.466）	客户满意度 D4（0.625）	0.096
			经济效益 D5（0.238）	0.036
			进款 D6（0.136）	0.021
		纵向课题 C6（0.262）		0.087
		著作 C7（0.126）		0.042
		论文 C8（0.077）	引用情况 D7（0.645）	0.017
			论文数量 D8（0.128）	0.003
			影响因子 D9（0.081）	0.002
			收录情况 D10（0.093）	0.002
			期刊级别 D11（0.054）	0.001
		专利及软件版权 C9（0.042）		0.014
		科技成果奖 C10（0.026）		0.008

表中最后一列是底层指标权重值，最终权重值为各级指标权重值之积，即 $w=w_1\times w_2\times w_3$，$w_1$为一级指标的权重值，$w_2$为二级指标的权重值，$w_3$为

三级指标的权重值。

例如教研 B1 的权重值为 $w_1=0.667$，二级指标教学建设 C1 的权重值为 $w_2=0.56$，三级指标课程建设 D1 的权重值为 $w_3=0.636$。课程建设成果的最终权重值：

$$w = w_1 \times w_2 \times w_3 = 0.667 \times 0.56 \times 0.636 = 0.238$$

计算出各指标的权重之后，作为对高校科技工作者个人综合能力的考核指标，如果有 n 项指标，每个指标 x 的评分为 X，评价体系的综合指标计算公式如下：

$$Y = \sum_{i=1}^{n} w_i X_i$$

式子中 Y 是综合评分结果，w_i 是第 i 项指标的权重，X_i 是第 i 项指标的得分。

3.1.5　无量纲化处理

如果指标体系有很多定量指标，例如专利数量、论文数量、项目进款额等，这些指标的数值不能直接带入到综合指标计算公式，这些指标需要进行无量纲化处理，处理的方法如下：

以论文数量为例，将所有参评的论文数量求总合，然后求出每个人论文数量占总数量的百分比，这就进行了无量纲化处理，然后根据评分标准乘以相应的系数，例如百分制，要乘以系数 100。

现行大多数考核体系，评审指标大多没有进行无量纲化处理，不同指标进行对等核算，例如将专利数量、论文数量、科研进款折算成工作量等形式，一篇专利相当于多少工作时间。这种折算方法主观性大，专利、论文和工作时间属于不相关范畴。采用层次分析法的无量纲化处理不存在不同种类的指标互相横向折算的问题，保证了指标的客观一致。

3.2　运用熵值分析法确定评价指标权重

熵值分析法是基于历史数据的统计处理分析，根据各项指标值的变异程度来确定指标的客观权重，是一种客观赋权法，它根据来源于评价对象的大量历史数据信息，通过评价指标值构成的判断矩阵分析各个指标的重要程度，从而实现评价指标权重确定的客观化。它能尽量消除各指标权重的主观性，使评价结果更符合实际，可在一定程度上避免目前高校科技成果评价中存在的权重设置不合理导致的信号传递失灵问题。

3.2.1　数据样本

用熵值分析法计算高校科技成果评价指标的权重需要大量的历史数据，为此本书选取了辽宁省教育厅主编的《辽宁省教育统计年鉴》中辽宁省内27所普通高等学校2004—2013年的高校科技成果数据，这些大学包括大连理工大学、东北大学、大连海事大学、大连民族大学、辽宁大学、沈阳工业大学、沈阳航空航天大学、沈阳理工大学、辽宁科技大学、辽宁工程技术大学、辽宁石油化工大学、沈阳化工大学、大连交通大学、大连工业大学、沈阳建筑大学、沈阳理工大学、沈阳农业大学、大连海洋大学、中国医科大学、大连医科大学、辽宁中医药大学、沈阳药科大学、辽宁师范大学、沈阳师范大学、渤海大学、沈阳大学、大连大学。

为便于计算，评价指标也完全采用《辽宁省教育统计年鉴》提供的统计指标，具体评价指标如表5.4所示。

表5.4　熵值分析法采用的指标体系

一级指标	二级指标	三级指标	四级指标
科研课题（A）	自然科学（A1）	973计划（A11）	课题数（A111）
			当年投入经费（A112）
		国家科技攻关（A12）	课题数（A121）
			当年投入经费（A122）
		863计划（A13）	课题数（A131）
			当年投入经费（A132）
		国家自然科学基金（A14）	课题数（A141）
			当年投入经费（A142）
		科技部重大专项（A15）	课题数（A151）
			当年投入经费（A152）
	人文、社会科学（A2）	国家社科规划基金（A21）	课题数（A211）
			当年投入经费（A212）
		人文、社会科学国家自然科学基金（A22）	课题数（A221）
			当年投入经费（A222）
		国家社科基金单列学科（A23）	课题数（A231）
			当年投入经费（A232）

续表

<table>
<tr><th>一级指标</th><th>二级指标</th><th>三级指标</th><th>四级指标</th></tr>
<tr><td rowspan="9">科研成果（B）</td><td rowspan="9">自然科学（B1）</td><td rowspan="2">科技成果奖（B11）</td><td>国家级（B111）</td></tr>
<tr><td>省部级（B112）</td></tr>
<tr><td>著作数（B12）</td><td></td></tr>
<tr><td rowspan="2">学术论文（B13）</td><td>总数量（B131）</td></tr>
<tr><td>国外刊物发表的数量（B132）</td></tr>
<tr><td rowspan="3">三大检索（B14）</td><td>SCI（B141）</td></tr>
<tr><td>EI（B142）</td></tr>
<tr><td>ISTP（B143）</td></tr>
<tr><td>专利数（B15）</td><td></td></tr>
<tr><td rowspan="5">科研成果（B）</td><td rowspan="5">人文、社会科学（B2）</td><td rowspan="2">人文、社会科学成果奖（B21）</td><td>国家级（B211）</td></tr>
<tr><td>省部级（B212）</td></tr>
<tr><td>著作数（B22）</td><td></td></tr>
<tr><td rowspan="2">学术论文（B23）</td><td>总数量（B231）</td></tr>
<tr><td>国外刊物发表的数量（B232）</td></tr>
</table>

资料来源：《辽宁省教育统计年鉴》

辽宁省27所普通高等学校历年科技成果数据以2013年为例，如附录C.1所示。这样的表格从2004年到2013年，共10年，本书只列出了2013年的数据，其余表格数据略，表中涉及的资金单位都为万元。

3.2.2　无量纲化数据处理

各年的数据用集合 $X = \{x_{ijk}\}$ 表示，i 代表年份，j 代表学校，k 代表指标。i 的取值为1，2，…10，分别代表2004，2005，…2013，共10个年份。j 的取值范围为1，2，…27，分别代表大连理工大学，东北大学，…，大连大学。k 的取值范围为1，2，…30，分别代表指标973课题数量，973课题投入资金，…国外刊物发表人文社科论文的数量。i，j，k 的对应表格如附录C.2所示。

按年代进行数据整理可形成10个表格，每个表格都是 27×30 的矩阵，行代表学校，列代表指标。对所有学校的数据进行归一化处理，得出每个指标概率分布情况。

计算公式如下：

$$p(x_{ijk}) = \frac{x_{ijk}}{\sum_{p=1}^{10}\sum_{q=1}^{27} x_{pqk}}, i = 1,2,\cdots,10, j = 1,2,\cdots,27, k = 1,2,\cdots,30$$

10 个矩阵的某一个元素用 x_{ijk} 代表，例如 $x_{112} = 102.6$ 的含义是 2004 年的表格中大连理工大学 973 项目投入资金为 102.6 万元。

对表格进行归一化处理，得出归一化概率分布表，10 个表格的每列之和为 1。

即满足 $\sum_{i=1}^{10}\sum_{j=1}^{27} p_{ijk} = 1, k = 1,2,\cdots,30$

3.2.3　熵值的计算

由于有 10 个表，可以将 10 个表进行叠放，共有 270 行，形成 270 × 30 的大矩阵。每列有 270 个数据，由于进行了归一化处理，270 个数据形成了概率分布，一旦知道了事件的概率分布，就很容易计算其对应的熵值了。

(a) 计算熵值 H

$$H_k = -\sum_{i=1}^{10}\sum_{j=1}^{27} p_{ijk} ln(p_{ijk}), k = 1,2,\cdots,30$$

通过编写计算机程序可以很快计算出 30 个指标的熵值。

这 30 个指标中熵值最大的为 H29 最大，即人文、社会科学论文数量（B231），H26 最小即国家级人文指标、社会科学成果奖（B211）。这说明人文、社会科学论文数量大家都差不多，而国家级人文、社会科学成果奖不同单位相差很大。这个数据说明比较各学校的科研水平，在保证各学校都有的情况下，办出差异、办出特色是提高大学水平的重要因素。

(b) 计算不重要度 r 和重要度 q

不重要度 r 的计算公式为：

$$r_k = \frac{H_k}{ln(m)}, 其中 k = 1,2,\cdots,30, m = 270$$

重要度 q 的计算公式为：

$$q_k = 1 - r_k$$

(c) 计算指标的熵权重

计算指标熵权重的计算公式为：

$$w_k = \frac{q_k}{\sum_{i=1}^{30} q_i}, k = 1,2,\cdots,30$$

计算结果为：

$w=$

1	0.03419	11	0.02378	21	0.01767
2	0.04385	12	0.02691	22	0.01908
3	0.02625	13	0.06087	23	0.01998
4	0.03246	14	0.06593	24	0.02764
5	0.02649	15	0.04894	25	0.0338
6	0.0322	16	0.05403	26	0.08832
7	0.01908	17	0.03627	27	0.03561
8	0.02263	18	0.01137	28	0.0186
9	0.05759	19	0.01429	29	0.00733
10	0.06539	20	0.00771	30	0.02171

权重值最大的为 $w_{26}=0.08832$，对应的指标为国家级人文、社会科学成果奖（B211）。权重值最小的为 $w_{29}=0.00733$，对应的指标为人文、社会科学学术论文总数量（B231）。

3.2.4 对2013年辽宁省各高校的科技成果水平进行评价

利用以上方法计算出的权重，可以对辽宁省27所高校的科技成果水平进行评价，以2013年的数据为例，2013年各高校的数据可以形成27行，30列的数据表，其归一化计算公式如下：

$$p_{jk} = \frac{x_{jk}}{\sum_{n=1}^{27} x_{nk}}$$

其中，j 代表学校，$j=1\sim27$，k 代表指标，$k=1\sim30$；X_{jk}代表第 j 所大学第 k 个指标的原始值；p_{jk}代表 X_{jk}归一化处理后的取值。

根据归一化处理结果 p_{jk}和各指标的权重值 w_k可以计算各高校的综合得分 z_j，计算公式为：

$$z_j = \sum_{k=1}^{30} w_k p_{jk}$$

计算结果如下：

$Z=$

1	0.020394	10	0.01302	19	0.01314
2	0.023861	11	0.00412	20	0.01212
3	0.02633	12	0.0057	21	0.00477
4	0.01861	13	0.01033	22	0.02499
5	0.02741	14	0.00889	23	0.01922
6	0.01459	15	0.01749	24	0.13225
7	0.00388	16	0.00584	25	0.01378
8	0.00437	17	0.02806	26	0.00546
9	0.02321	18	0.0058	27	0.02575

对综合得分进行降序排序，结果如附录 C. 3 所示。

通过上面的计算可以看出，30 个指标中熵值最大的为 $H_{29}=5.218$，即人文、社会科学论文数量（B231），对应最小的权重为 $w_{29}=0.007$；熵值最小的为 $H_{26}=1.011$，即国家级人文、社会科学成果奖（B211），对应最大的权重为 $w_{26}=0.088$。这说明人文、社会科学论文数量各高校都差不多，而国家级人文、社会科学成果奖的数量各高校相差很大，所以该指标的权重很大，对最终评价结果会产生重要影响。

由表 C. 3 可以看出，沈阳师范大学和大连大学两所非“985”和“211”工程院校的排名比较靠前，通过数据分析发现，沈阳师范大学在 2013 年国家社科基金单列学科（A23）中的课题数（A231）和当年投入经费（A232）两个指标上的得分分别为 10 个课题和 8. 9 万元经费，虽然经费数和课题数跟国家自然科学基金相比较少，但由于其他高校在这两个指标上的得分几乎为零，导致该校在当年的高校科技成果评价中排名靠前。大连大学在 863 计划的课题数（A131）和当年投入经费数（A132）以及国家级自然科学的科技成果奖（B111）三个指标上的得分，除了东北大学和大连理工大学之外，要远远高于其他高校。从以上两所高校的数据分析可以得出这样的结论：各大学在科技活动过程中要注意扬长避短、办出特色，特别是应该集中优势资源主攻某一项或某几项指标以拉开与其他高校的距离。

值得注意的是虽然熵值分析法基于客观的历史数据进行分析，因而结果更公平可靠，但熵值分析法也存在一定的缺陷，由于完全采用历史数据，忽略了各因素之间重要性的比较，在实际运用中应配合其他评价方法进行综合评价。

4. 降低高校科技成果评价指标的阶次

由于存在实际使用者缺位的问题，导致形式上的、简单量化的主观化、高阶化指标来间接判断科技成果的质量和水平，而高阶指标一般都是整体指标，因此只具有评价整体的功能，所以用高阶指标来评价个体并不恰当。所以，从短期来看，当前的高校科技成果评价指标普遍存在一个“降阶”的问题。从长期看，让市场机制来评价科技成果的水平和价值，高校科技工作者才会真正关心市场需要和科技成果的开发应用，才能大大减少科研项目立项和研究过程中的盲目性。①

① 岳玉珠、李岩：《我国科技成果评价体系的改革建议》，《中国科技信息》2007 年第 24 期，第 351—352 页。

4.1 核心期刊的评价功能

根据教育部公布的数据，截至2013年，我国在校研究生179.4万人，其中，在学博士生29.83万人，① 而我国的学术期刊大约5000多种，而收录核心期刊数量最多的《中文核心期刊要目总览》收录的核心期刊仅1980多种。科研水平，论文水平，引文数量，期刊影响因子、期刊级别这些指标的相关程度如图5.4所示，科研水平作为原始信息，后面的指标就是一阶、二阶、三阶、四阶信息，阶数越多相关程度越小，离核心目标也越来越远。高阶信息是低阶信息的综合平均，用平均值衡量个体，必然导致信息受损。

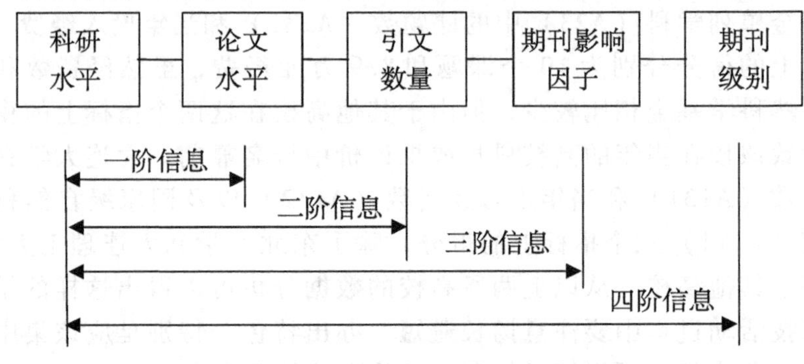

图5.4 与科研水平相关的高阶信息

世界公认以引文数量作为评价论文水平的重要指标，期刊的影响程度其实是根据其所刊载论文的引文数量计算出来的高阶信息，是对大量文章引用情况统计结果的平均反馈，它所衡量的是平均水平，不能只用平均水平衡量个体水平。根据期刊的级别来判断论文水平的做法看似客观、简便，却存在一定的风险。按照将高阶信息低阶化的要求，实行基于论文质量本身的科技成果评价办法。

4.2 减少非学术因素噪声对高校科技成果评价的干扰

由前面的分析可知，在信息不对称条件下，由于非学术因素干预的存在，会产生风险，因此本书可以得出这样一个结论：不论是高校科技成果评价中的学术造假问题，还是寻租问题，其根源都在于对高校科技成果评价的过度干预，从信号传递的角度，可以把这种干预看作是一种噪声，它扭曲了正常的信号传递过程，并引发了高校科技成果评价中的道德风险，因此要从

① 教育部：《2013年全国教育事业发展统计公报》，http://www.moe.gov.cn/srcsite/A03/s180/moe_633/201407/t20140704_171144.html，2014。

根本上消除高校科技成果评价中的道德风险，就必须减少非学术因素噪声对高校科技成果评价的干扰。

理论上有四条曲线，分别为高校科技工作者完成科技成果的奖励曲线 W、心理收益曲线 H、论文成本曲线 L、造假心理成本曲线 C。

其中，奖励曲线 W 要远高于其他曲线，此时，高校科技工作者撰写论文的利益最大化策略为向左边的原点移动。要想改变这种状况，必须将原来很高的曲线 W 下移到接近于横轴处，如图 5. 5 所示。

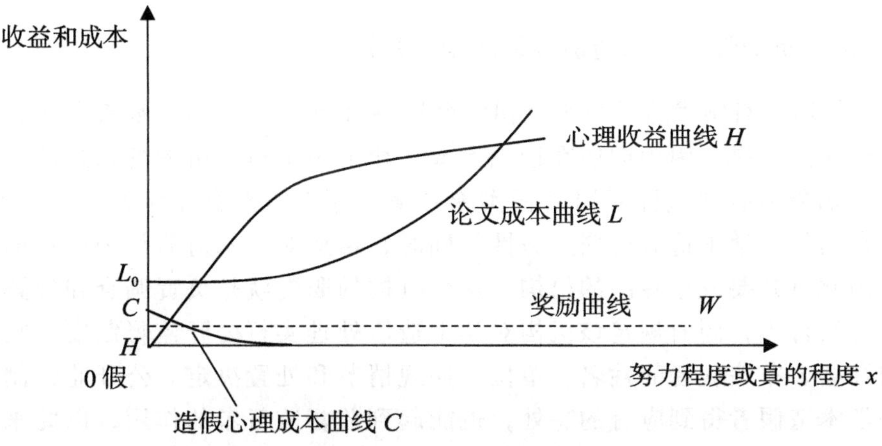

图 5. 5　去噪声的论文成本收益曲线

此时在原点处造假的总收益为：

$$y_0 = W + H_0 - L_0 - C_0$$

由于 W 这时已经很小，接近于 0，可以忽略不计，造假心理成本很低的人 C_0 也接近于 0，造假者的心理收益 H_0 也为 0。

$$\text{所以 } y_0 \approx -L_0 < 0$$

5. 打击高校科技成果评价中的学术造假行为

由前面的分析可知，学术造假问题与惩罚的确定性、惩罚的严厉性、专家的信息甄别成本和专家发现造假后得到的奖励因子有关，因此治理科技成果评价中的学术造假问题必须从这几个方面入手。

5. 1　对学术造假行为给予严厉的惩罚

由前面的等威慑曲线分析可知，增加对科技工作者造假行为的预期惩罚成本，即增加惩罚的确定性和严厉性可以有效降低造假行为的出现概率。目前，增加对科技工作者造假行为的预期惩罚成本对解决科技成果评价中的造假问题还有很大的政策空间。从惩罚的效果来看，惩罚的严厉性与确定性具有可替代性；从实施成本角度看，高惩罚严厉性与低惩罚确定性组合要比低惩罚严厉性与高惩罚确定性组合成本更低。增加惩罚的严厉性不仅要从经济和法律两个方面增加造假者的预期惩罚成本，还可以考虑建立学术诚信档案制度，使学术造假的惩罚对科技工作者未来的职业生涯产生深远的影响，从而使那些有造假意图的人感到预期惩罚成本太大而不敢越雷池一步。

5.2 成立负责惩处学术造假行为的专门机构

仅仅增加对学术造假行为惩罚的严厉性并不能完全起到威慑和遏制学术造假行为的效果，因为即使在理论上或法律上规定再严厉的惩罚措施，但在现实中如果不能把这种惩罚真正实施开来，那也是没有任何意义的。因此，必须在增加对学术造假惩罚严厉性的同时，增加对学术造假行为惩罚的必然性。为此有必要成立专门的机构，这个机构的职责就是负责调查和处置各类学术造假行为，同时规定该机构对学术造假处理实行公开监督制度，它要随时向社会公布违规者的姓名、单位、违规情节和处置决定。公开监督制度既确保学术造假者得到应有的惩处，也能起到监督监督者的作用，以此来增加惩罚的确定性。

5.3 建立学术造假举报奖励制度

学术造假对诚实守信之优良社会风气的伤害和破坏力无疑是巨大的，但从整体社会而言并没有引起足够重视，要把对学术造假行为的抵制和惩罚落到实处，除了上面提到的成立负责惩处学术造假行为的专门机构以外，就是要引入社会监督机制，建立学术造假举报奖励制度，对那些勇于揭发学术造假和学术腐败的人给予奖励，此举既有助于增强对学术造假行为惩罚的确定性，又有助于降低查处学术造假行为的信息成本。

5.4 降低评审专家的信息甄别成本

根据前面的分析，高校科技工作者的造假概率与评审专家的信息甄别成本成正比，按照这个思路分析，现行高校科技成果评价中只要是能降低专家信息甄别成本的做法都会起到抑制学术造假行为的效果，例如同行评议和代表作制。这里所说的“同行”并非只要是有“教授”“专家”头衔的人就可以，而应该是真正意义上的“同行”，最好是从事相同学科、相同方向、相同领域研究活动的“小同行”。因为现代科学技术体系的分工越来越细，只有“小同行”才具有判断和分辨一项科技成果创新性和先进性的知识积累，才能克服高校科技成果评价中的信息不对称问题。面对同一项科技成果，“外行”可能需要极大的信息甄别成本也很难确定其价值，而“小同行”是对自己熟悉领域内的科技成果进行评价，所以信息甄别成本相对较低，可较容易克服信息不对称。

代表作制也可以有效降低评审专家的信息甄别成本。代表作制是指对一至几个可以代表评价对象最高水平或最能体现评价对象风格和行为风范的科技成果进行评价的相关规则。① 英国的大学科研评价体系（The Research Assessment Exercise，RAE）采用的就是这种做法。由于其数量要求是所有科技成果中的一小部分，所以此法不仅对遏制当前高校科技成果评价中过分数量化的倾向有明显作用，更重要的是将相当一部分信息甄别成本转移给被评价者，由被评价者首先在自己众多的科技成果中筛选出最能代表其科研水平的成果，从而省却了评审专家的信息甄别成本。

此外，依靠信息技术来发现学术造假也是降低评审专家信息甄别成本的有效方式之一。信息检索技术使学术造假行为更容易被发现，从而能够有效降低专家的信息甄别成本。

5.5　提高对专家发现学术造假行为的奖励水平

在均衡情况下，专家的预期总收益不会超过正常值，因为专家通过发现造假行为获得的奖励会被专家本身的信息甄别成本所抵消。对专家识别和揭露学术造假问题的行为给予充分的激励，必要的时候还应在查处学术造假时实行“连带责任制”，对学术造假行为涉及的评审专家追究连带责任。

6. 抑制高校科技成果评价中的寻租行为

6.1　加大对寻租行为的惩罚力度

由 $p^* = \dfrac{C}{u\ (\alpha\Delta V + m\Delta V + n\Delta V)}$ 可知，p^* 随着监督人发现寻租行为后对设租人的罚款 $m\Delta v$ 和对寻租人的罚款 $n\Delta v$ 的增加而减小，即增加对设租人和寻租人的惩罚力度可以有效降低寻租行为的出现。加大对寻租行为惩罚力度的目的在于提高高校科技工作者实施寻租行为的损失，加大寻租风险，严厉的惩罚应使寻租人为寻租行为付出足够的代价，不仅将其因寻租得到的收益没

① 叶继元：《代表作制有益遏制学术评价数量化》，《中国教育报》2012 年 3 月 28 日。

收，而且还要给予重罚，必要时追究刑事责任，从而有效震慑高校科技成果评价中的寻租行为。

6.2 提高高校科技成果评价活动的透明度

由于高校科技成果的质量属于高校科技工作者的私有信息，再加上高校科技成果特有的高知识含量和创新性、前沿性、专业性等特征，导致高校科技成果的技术门槛非常高，一般人很难对高校科技成果的质量做出判断。由 $p^{*}=\frac{C}{u\ (\alpha\Delta V+m\Delta V+n\Delta V)}$ 可知，p^{*} 随着监督成本 C 的增加而递增，即监督成本越高，寻租发生的概率越大；p^{*} 随着监督成功概率 u 的增加而减小，即监督人监督成功的概率越大越不容易发生寻租行为。由于监督成本与委托人和代理人之间信息不对称的程度成正比，所以要降低监督成本，治理或减少寻租的关键在于减少委托人与代理人之间的信息不对称，提高高校科技成果评价活动的透明度。因此，提高高校科技成果评价活动的公开程度，建立舆论监督和举报机制，不啻为一种有效且成本较小的对策。

7. 构建市场导向的高校科技成果评价体系

科技成果评价的目的在于正确判断科技成果的质量和水平、促进科技成果的完善和科技水平的提高、加速科技成果推广应用。其实，绝大多数应用性技术成果本身非常适合于在市场上进行评价，市场的接纳也就等于宣布了它广阔的推广和应用前景，得到市场的认可才是对它的最高评价和奖励。① 因此，通过市场完全可以做得更好更有效率。现今世界范围内科技水平高的国家大多采用市场机制来评价其科技成果。

由于市场的需求方是高校科技成果的实际使用者，由市场的需求方对高校科技成果进行评价是解决信息不对称问题成本最小的一种方式，因此应最大限度地把市场应用引入到对高校科技成果的评价中去。《国家中长期科学和技术发展规划纲要（2006—2020 年）》中指出，支持鼓励企业成为技术创新主体。今后大量科研活动尤其是应用性技术的研发将主要由企业推动和承担，政府组织的各类科技计划不应该再占据主要地位，这表明国家在科技项目资助体系的设计上已经开始发生变化。对于必须由政府资助的项目，也要事先由政府相关部门尽量提出明确、具体的技术要求，建立类似于目前市场上横向课题那样的委托开发机制，而对这些项目的评价，则完全可以交由独

---

① 戴建生：《技术成果评价的社会学分析》，《科学学研究》2001 年第 1 期，第 70—77 页。

立的“第三方”专业评价机构去做，政府需要做的是制定相应的法律规则，并监督评估机构履行法律规则的情况。政府要把推动科技进步的重任交给市场去完成，通过市场竞争来提升我国整体的科技实力和水平，人类科技历史的发展已经证明了在推动科技发展方面市场机制相对于权力的优越性。

7.1 大力发展独立的“第三方”专业科技评价机构

“第三方”科技评价机构是市场导向的高校科技成果评价体系中不可或缺的重要组成部分，要构建市场导向的高校科技成果评价体系，就要借鉴国外科技发达国家成熟的经验，大力发展独立的“第三方”科技评价机构。充分发挥市场机制的调节作用，把科技成果评价工作交给市场和社会来完成，这里的市场和社会就是独立的“第三方”专业科技评价机构。

在市场导向的高校科技成果评价体系中，由于高校科技成果的先进性、创新性和复杂性等特点依然存在，市场上的委托方有时仍需要评审专家帮助他们做出专业的判断，这种借助评审专家的知识来克服高校科技成果委托人和完成人之间信息不对称的做法有实质上的不同，那就是高校科技成果的实际使用需求方出现了，这个实际使用需求方是高校科技成果的委托人、资助者，他要把这个成果投入生产实际中去应用，科技成果的真伪、质量高低与他的切身利益有直接的关系，因而有足够的动力去监督管理高校科技成果评价的真实性、客观性。

独立性是科技评价活动的基本原则，评价主体的独立性越高，评价结果越可信。要想获得真实、客观、公正的评价结果，评价主体就必须具有高度的独立性和中立的立场。

“第三方”科技评价机构是独立于高校、政府和企业的专业评价组织，它既可以是国际上比较流行的科技评估中介公司，也可以是具有专业人才优势和独立法人资格的各种民间学会组织。因此，它作为评价主体能够有效防止非学术因素对高校科技成果评价的干扰，从而能够保证评价的公正、客观，这一点已经被国外的经验所证明。此外，由于“第三方”科技评价机构具有独立的法人资格，相应地也就具备了承担由其评价活动带来的法律责任的能力。在科技成果评价市场中，“第三方”科技评价机构与评价委托方是完全基于市场条件下的委托代理关系，是平等主体之间的合同关系，是提供评价服务与购买评价服务的关系。“第三方”科技评价机构与其他类型的法人一样，一方面要遵守国家相应的法律法规，另一方面也要遵守与评价委托方所订立合同中规定的各项法律义务，并对其所做的评价结论和违约行为承担相应的法律责任。

大力发展独立的“第三方”专业科技评价机构，政府科技管理部门要不断完善高校科技成果评价的法律法规和制度建设，要为“第三方”专业科技评价机构的发展创设良好的制度环境。同时，在发展初期还应借鉴国外的经验，充分利用财政、税收方面的优惠政策扶持、引导“第三方”专业科技评价机构发展壮大。

7.2 建立学术市场声誉机制

通过前面的分析可知，增加对学术造假行为的惩罚力度可以有效抑制学术造假行为的出现。前面探讨的高校科技工作者与评审专家的混合策略博弈是一次性博弈，如果说在这种一次性博弈中，增加对学术造假行为的一次性惩罚力度都可以有效抑制学术造假行为，那么，如果惩罚不仅是一次性的，而且会对造假者未来的职业生涯产生更不利的影响，其抑制学术造假的效果一定会更理想。建立学术市场声誉机制就是一种会使惩罚对学术造假者的未来职业生涯产生不利影响的有效机制。下面对学术市场声誉机制如何影响高校科技工作者的行为进行讨论。

美国芝加哥大学教授尤金·法玛（Eugene. Fama）在20世纪70年代末提出在多次重复博弈的委托代理关系中，声誉可以替代显性激励机制（explicit incentive mechanism），起到激励代理人努力工作的作用。[①] 在这里，可以把声誉视为“隐形激励机制”（implicit incentive mechanism）。法玛的声誉激励机制是和职业经理人市场紧密联系的，在竞争性的经理人市场，职业声誉对经理人（代理人）具有重要意义，一个经理人要想在自己的职业生涯中不断上升，获得更高的薪酬，他必须把眼光放得长远些，他必须克服为获得短期利益而不惜损害委托人利益的冲动，原因很简单，虽然他可以通过败德行为获得一时的好处，但他由此而失去的却是作为职业经理人最最宝贵的声誉，试想一下，有谁会愿意去雇用一个曾经欺骗和背叛过前委托人的经理人呢？正是职业经理人市场的这种外部压力，会激励经理人即使在没有显性激励的情况下，也要努力工作。当然，法玛的思想是建立在重复博弈的基础上的，在一次博弈的委托代理关系中，声誉机制是不会发生作用的。另外，要想让代理人重视声誉，还必须有一个健全完善的职业经理人市场。[②]

麻省理工学院经济学教授霍姆斯特姆（Bengt Holmstrom）在1982年完成

---

① 郑伟林：《论信息经济学中的委托代理问题》，《蒙自师范高等专科学校学报》2002年第4期，第18—23页。

② 徐梦丹：《基于代理人市场——声誉模型的医生道德风险治理研究》，《中国卫生事业管理》2014年第8期，第600—602页。

了法玛思想的模型化工作。本书借鉴法玛和霍姆斯特姆的经理人市场——声誉模型的思想，来分析声誉机制对高校及高校科技工作者的激励与约束作用。高校科技成果评价中的委托代理关系与法玛的企业所有者与经理人之间的委托代理关系具有非常高的相似性，职业声誉对高校科技工作者的重要性与其对法玛的职业经理人的重要性一样。在这里我们也假设存在一个类似于法玛的经理人市场的高校科技工作者市场或竞争选聘机制。为了获得稳定的职业预期或在今后的职业生涯中获得更好的发展和回报，高校科技工作者一定会珍惜其学术声誉，慎重对待学术造假带来的短期利益的诱惑问题。①

假设高校科技工作者与委托人之间的博弈分为两个阶段，用 $t=1$，2 表示，$\pi_t=a_t+\theta+u_t$ $t=1$，2 为高校科技工作者的单阶段生产函数，其中，π_t 是高校科技工作者的声誉收益，a_t 是高校科技工作者在第 t 阶段的努力水平，θ 是高校科技工作者的能力，假设它在两个阶段里也是不变的，u_t 是干扰高校科技工作者产出的随机变量。假设委托人观测不到 a_t 和 θ，只能观测到 π_t，u_t，θ 都是符合正态分布的随机变量，方差为 σ_θ^2，σ_u^2，$E\theta=Eu_t=0$。还假设 cov（u_1，u_2）$=0$。

假设高校科技工作者在两个阶段的总收入为 w，$w=w_1+w_2$，其单阶段努力的成本函数为 $c(a)$，且 $c'(0)=0$，$c'(a_t)>0$，$c''(a_t)>0$，可知风险中性的高校科技工作者的效用函数是 $U=w-c(a_1)-c(a_2)$。

在一次性博弈的委托代理关系中，由于委托人观测不到高校科技工作者的努力水平，所以 $a_1=0$；如果博弈有两个阶段，则 $a_2=0$，但 a_1 会发生很大的变化，为了在第二阶段获得更高的回报 w_2，高校科技工作者在第一阶段会努力工作，因为他第二阶段的工资收入 w_2 与委托人对他在第二阶段产出的期望值有关，也就是说与高校科技工作者在第一阶段表现出来的声誉有关，由此可知：

$$w_1=E(\pi_1)=E(a_1)=\bar{a}_1$$

$$w_2=E(\pi_2/\pi_1)$$

进一步有：

$$w_2=E(\pi_2/\pi_1)=E(a_2/\pi_1)+E(\theta/\pi_1)+E(u_2/\pi_1)=E(\theta/\pi_1)$$

这是因为 $a_2=0$，u_2 与 u_1、a、θ，所以 u_2 与 π_1 无关。

由于委托人能够在均衡时根据 θ 计算出代理人的平均努力程度 $\bar{a}_1$，进而得出 $\pi_1-\bar{a}_1=\theta+u_1$，所以委托人就可以根据 π_1 推测 θ，根据统计推断定理可知：

① 丁浩、王美田：《高校教师激励的困境分析及治理路径选择》，《高校教育管理》2012 年第 1 期，第 39—43 页。

$$E(\theta/\pi_1) = (1-\tau)E(\theta) + \tau(\pi_1 - \bar{a}_1) = \tau(\pi_1 - \bar{a}_1)$$

这是因为 $E(\theta)=0$。

其中

$$\tau = \frac{Var(\theta)}{Var(\theta) + Var(u_1)} = \frac{\sigma_\theta^2}{\sigma_\theta^2 + \sigma_u^2}$$

Var 表示方差。

$$E(\theta/\pi_1) = \tau(\pi_1 - \bar{a}_1)$$

因为 $\tau>0$，所以 $w_2 = E(\theta/\pi_1) = \tau(\pi_1 - a_1)$，即 π_1 越大，w_2 越高。将 w_1 和 w_2 代入高校科技工作者的效用函数。

$$U = \bar{a}_1 - c(a_1) + \tau(\pi_1 - \bar{a}_1) - c(a_2)$$
$$= \bar{a}_1 - c(a_1) + \tau(a_1 + \theta + u_1 - \bar{a}_1) - c(a_2)$$

显然，最大化 U 的一阶条件为：

$$\frac{\partial U}{\partial a_1} = 0, a_2 = 0$$

即 $c'(a_1) = \tau$

$a_2 = 0$

因 $\tau>0$，$c'(0)=0$，$c''(a_1)>0$，故 $a_1>0$

因为 $\tau\leqslant 1$，根据 $c'(a_1)$ 的严格递增性，可知 $0<a_1<a_1^*$

由 $\tau = \frac{Var(\theta)}{Var(\theta) + Var(u_1)} = \frac{\sigma_\theta^2}{\sigma_\theta^2 + \sigma_u^2}$ 可知，σ_θ^2 与 τ 成正比例变化，由于 τ 能够传递 θ 在 π_1 中所占比例的信息，所以，τ 越大，π_1 所传递出来的 θ 的信息量就越大，从而高校科技工作者就越愿意为了积累在第二阶段的好声誉而在第一阶段努力工作。

以上的两阶段模型完全可以拓展到 t 多个阶段，只不过在这个过程里面，最后一个阶段的 $a_t=0$，且 $a_1>a_2>\cdots a_{T-1}>a_T$，说明随着高校科技工作者年龄的增加，声誉机制的激励作用逐渐递减了。另外值得一提的是，这个模型里所讲的高校科技工作者不仅适用于高校科技成果的完成者，也适用于高校科技成果的评审专家，市场声誉机制对他们同样有效。

7.3 加快科技成果评价立法工作

完善高效的法律制度是市场导向的高校科技成果评价体系顺利运转的前提和保证，国外的发展经验表明，只有把科技成果评价活动纳入到法治的轨道，才能从制度上保证对科技成果做出独立客观的评价，进而有效打击和预防科技成果评价中的学术造假和学术腐败问题。

自 20 世纪 90 年代以来，我国科技行政管理部门虽然陆续制定和出台了一系列像《科技评估管理暂行办法》、《国家科研计划课题评估评审暂行办法》、《关于改进科学技术评价工作的决定》、《科学技术评价办法》、《中华人民共和国科学技术进步法》这样的科技成果评价方面的政策和法规，对规范科技成果评价工作起到了一定的积极作用，但与国外科技发达国家的立法工作相比，我国科技成果评价的法律基础仍然比较薄弱，远未达到配套和完善的程度，而且，这些政策和法规，除了2021年新修订的《中华人民共和国科学技术进步法》属于法律，其他的都属于部门规章和政策性文件。

以法律位阶最高的《中华人民共和国科学技术进步法》为例，首先它并不是一部专门的科技成果评价方面的法律，虽然里面也有国家建立和完善有利于自主创新的科学技术评价制度以及鼓励科技评价中介机构发展的条款，但却只规定了大体上的原则，缺乏具有可操作性的实质内容，尤其是对于抄袭、剽窃他人科学技术成果，或者在科学技术活动中弄虚作假、滥用职权、玩忽职守、徇私舞弊等违法行为的法律责任方面，只在第一百零八条、第一百一十四条和第一百一十二条规定了像责令改正、警告或者通报批评，处以罚款、没收违法所得，追回财政性资金和违法所得、暂停或者取消其申报和推荐资格这样的法律责任。

目前我国科技成果评价立法对学术造假和学术腐败行为给予的处罚力度较轻，很难起到威慑学术造假和学术腐败行为的作用。

因此学术立法势在必行，只有加快科技成果评价立法工作，尽快出台科技评价法，通过立法对“第三方”科技评价机构的法律地位、市场导向的高校科技成果评价体系的运行机制，评审专家的权利、义务以及违反法律应该承担的法律责任做出明确的规定，才能进一步保证高校科技成果评价工作按照法律规范的要求客观、公正地进行。

加快科技成果评价立法工作还要注意做好与市场经济体制中已有的与科技成果有关的相关法律的衔接配套工作，比如著作权法、专利法、商标法。此外，还要在刑法中补充严重违反科技成果评价法律应当承担的法律责任的内容。

第六章 结 论

1. 研究结论

本书以高校科技成果评价中的信息不对称问题为研究对象，运用信息不对称理论，通过成本收益分析法、熵值分析法、层次分析法和博弈分析法的综合使用，系统地研究了我国高校科技成果评价中信息不对称问题的表现、成因和影响，最后提出解决我国高校科技成果评价中信息不对称问题的对策建议。至此，本研究得出了如下结论：

第一，由高校科技成果创新性、复杂性特点和高校科技成果评价委托代理关系带来的信息不对称属于结构性因素导致的信息不对称。考虑到“纵向课题”“横向课题”在结构性因素导致的信息不对称问题，本书提出按照“科学课题”和“技术课题”来重新划分课题类型。把原来的“横向课题”的全部和“纵向课题”中的技术开发与应用部分统一定义为“技术课题”，把原来“纵向课题”中的基础理论研究部分定义为“科学课题”，同时将“技术课题”成果交给市场去评价，以此达到克服结构性因素导致的信息不对称问题的目的。

第二，主观信息客观化是解决高校科技成果评价中用主观信息评价客观信息问题的有效方法。针对高校科技成果评价中存在的用主观信息评价客观信息的问题，本书提出将主观信息客观化的解决思路：优化高校科技成果评价指标体系，具体包括增加对成果内容真实性的审查、建立分类评价指标体系、强调高校科技成果的实际应用与贡献、实行高校科技成果评价的质量导向、实行教学和科研并重、增加信息化指标等；建议针对高校科技工作者个体以及高校整体科技成果的不同情况，分别采用层次分析法和熵值分析法来确定评价指标的权重。层次分析法是将主观指标客观化、定量化的很有效的工具，本书用此法对高校个体科技工作者的科技成果情况进行了评价；熵值分析法是根据评价对象的大量历史数据来确定评价指标客观权重的客观赋权法，本书用此法对高校整体的科技成果情况进行了评价。

第三，“降阶”是解决高校科技成果评价中用高阶信息评价低阶信息问题的必然选择。高阶信息一般都是综合指标，只具有评价整体的作用，用高阶信息来评价个体并不恰当，针对高校科技成果评价中存在的用高阶信息评价低阶信息的问题，本书遵循“降阶”的原则，提出了对资源分配功能的对策建议。

第四，减少非学术因素噪声对高校科技成果评价的干扰是抑制学术造假问题的关键。在高校科技成果评价中，委托人和代理人之间客观信息差越大，信息不对称越严重。根据对学术造假行为的成本收益分析可知，非学术因素是学术造假产生的主要根源，去除非学术因素噪声后，可以有效杜绝学术造假问题的发生。

第五，提高对学术造假行为的惩罚力度可以有效抑制高校科技成果评价中的学术造假行为。本书在探讨如何通过提高学术造假的违法成本来杜绝高校科技成果评价中的学术造假问题时，构建了高校科技成果评价中学术造假问题的混合策略博弈模型，计算出博弈的混合纳什均衡解，并从评审专家的信息甄别成本、评审专家发现学术造假的奖励因子、高校科技工作者被发现造假后受到惩罚的概率及惩罚程度等方面对模型均衡解进行了深入分析，结果发现提高惩罚的严厉性与确定性、提高评审专家的奖励因子和降低评审专家的信息甄别成本能有效抑制高校科技成果评价中的学术造假问题。

第六，运用委托代理理论和寻租理论对信息不对称引发的高校科技成果评价中的寻租问题进行了分析。构建了高校科技成果评价中寻租问题的三方混合策略博弈模型，并计算出博弈模型的纳什均衡解。根据对纳什均衡解的讨论发现：增加对设租人和寻租人的惩罚力度以及增大监督成功的概率都有利于降低监督机关的最优监督概率；降低监督人的监督成本，可以有效减少寻租行为。

第七，提出解决高校科技成果评价中信息不对称问题的终极解决方案，即构建市场导向的高校科技成果评价体系，具体措施包括大力发展独立的“第三方”科技评价机构、建立学术市场的声誉机制、加快科技成果评价立法工作的步伐。

2. 有待深入研究的问题

高校科技成果评价是一个涉及众多因素的复杂系统，在本书的撰写过程中，随着研究的不断深入，作者越发感觉这个问题的复杂性，虽然本书对高校科技成果评价中的信息不对称问题进行了一定的研究，但由于时间和能力的限制，还有许多问题需要在今后的研究中做进一步的深化和拓展，主要体现在以下几个方面：

第一，在探讨如何解决高校科技成果评价中存在的用主观信息评价客观信息的问题时，本书提出了应从增加对成果内容真实性的审查、建立分类评价指标体系、强调高校科技成果的实际应用与贡献、实行高校科技成果评价的质量导向、实行教学和科研并重、增加高校科技成果评价的信息化指标等几个方面来优化高校科技成果评价指标体系的对策。但这一对策只是笼统地给出了原则性的意见，对于其中许多具体的细节问题都还没有讨论到，特别是没有根据前面提到的优化原则构建出一套新的、具有可操作性的高校科技成果评价指标体系。

第二，在高校科技成果评价中，委托人和代理人之间的信息差越大，信息不对称问题就越严重，这是本书提出的观点之一，虽然目前还停留在理论表述的层面，但是自从香农信息熵的概念提出以后，信息不对称的量化计算问题已经不是一个不切实际的空想了。如何建立基于科技成果质量分布概率的高校科技成果评价信息失真函数，计算出高校科技成果的熵值，并将理论上的信息差转换为实际生活中的货币价值是今后有待做进一步深入研究的课题。

附录

附录 A　某高校理工科教师科研业绩评价指标体系

<table>
<tr><th>评价指标</th><th colspan="2">级别和分类</th></tr>
<tr><td>科研论文</td><td colspan="2">Science、Nature、Cell 全文发表学术论文
SCI 来源期刊
SSCI、EI、CPCI 来源期刊
ISTP 收录
CSCD 收录
国内核心期刊
非核心期刊</td></tr>
<tr><td>著作</td><td colspan="2">学术专著
学术编著、译著
教材</td></tr>
<tr><td rowspan="6">科研项目</td><td rowspan="5">纵向课题</td><td>973，863，国家自然科学基金</td></tr>
<tr><td>国家级项目</td></tr>
<tr><td>省部级项目</td></tr>
<tr><td>地、市、厅局级项目及行业项目</td></tr>
<tr><td>校级项目</td></tr>
<tr><td colspan="2">横向课题</td></tr>
<tr><td rowspan="4">知识产权</td><td colspan="2">发明专利</td></tr>
<tr><td colspan="2">实用新型专利</td></tr>
<tr><td colspan="2">外观设计专利</td></tr>
<tr><td colspan="2">计算机软件著作权</td></tr>
<tr><td rowspan="4">科研成果获奖</td><td colspan="2">国家级成果奖励</td></tr>
<tr><td colspan="2">省部级成果奖励</td></tr>
<tr><td colspan="2">市级成果奖励</td></tr>
<tr><td colspan="2">校级成果奖励</td></tr>
</table>

附录 B 高等学校科技成果指标体系

	出版科技著作		发表学术论文（篇）		国际级项目验收（项）						
	数量（部）	字数（千字）	合计	其中：国外学术刊物	合计	其中：与其他单位合作	项目来源				
							973计划	科技攻关计划	863计划	自然基金项目	其他
合计	11 804	2 259 571	829 873	267696	3694	896	448	341	546	691	1668
按学校规格分											
“211”及省部共建高等学校	3006	763183	393103	176398	3248	793	390	273	506	499	1580
其他本科高等学校	5811	1082921	396522	89620	446	103	58	68	40	192	88
高等专科学校	2987	413467	40248	1678	0	0	0	0	0	0	0
按学校隶属分											
部委院校	404	112044	50452	23637	1240	200	15	13	206	38	968
教育部直属院校	2034	514013	288007	131901	1919	564	358	229	290	44	598
地方院校	9366	1633514	491414	112158	535	132	75	99	50	209	102
按学校类型分											
综合大学	2327	487541	254541	108917	1243	326	243	111	171	315	403
工科院校	4979	1081393	321087	102823	2170	474	148	156	352	254	1260
农林院校	1095	206968	56567	12612	72	52	16	36	11	9	0
医药院校	2441	279219	124570	20692	124	15	19	23	4	78	0
师范院校	693	146889	59897	19906	76	27	21	13	8	29	5
其他	269	57561	13211	2746	9	2	1	2	0	6	0

续表

	知识产权与专利											
	专利申请数（项）				专利授权数（项）				专利出售数			
	合计	发明专利	实用新型	外观设计	合计	发明专利	实用新型	外观设计	合同数（项）	总金额（千元）	当年实际收入（千元）	其他知识产权 *
合计	144924	92975	45079	6870	82369	39294	39069	4006	2257	750036	540280	10155
按学校规格分												
“211”及省部共建高等学校	70401	56580	12359	1462	39091	25984	12230	877	1213	490666	310829	5337
其他本科高等学校	64590	34137	25903	4550	37507	12915	22078	2514	1005	257799	228162	4356
高等专科学校	9933	2258	6817	858	5771	395	4761	615	39	1571	1289	462
按学校隶属分												
部委院校	10886	9198	1570	118	5233	4195	964	74	201	118395	80839	955
教育部直属院校	48828	38761	9302	765	28614	18759	9389	466	806	330507	202029	3569
地方院校	85210	45016	34207	5987	48522	16340	28716	3466	1250	301134	257412	5631
按学校类型分												
综合大学	41966	29962	10120	1884	22685	12445	9344	896	699	180526	115610	2392
工科院校	78574	50804	24863	2907	45279	21510	22074	1695	1202	430034	313082	5547
农林院校	9385	5102	3629	654	5952	2438	3008	506	127	42078	38309	1132
医药院校	3745	2148	1531	66	2405	1073	1282	50	21	62634	46854	139
师范院校	8771	4028	3603	1140	4728	1511	2601	616	180	29953	25159	770
其他	2483	931	1333	219	1320	317	760	243	28	4811	1266	175

资料来源：2015 年《教育部高等学校科技统计资料汇编》

附录 C　2013 年辽宁省部分高等学校科技成果统计

表 C.1　2013 年辽宁省部分高等学校科技成果统计

	科研课题（A）															
	自然科学（A1）										人文、社会科学（A2）					
	973 计划（A11）		国家科技攻关（A12）		863 计划（A13）		国家自然科学基金（A14）		科技部重大专项（A15）		国家社科规划基金（A21）		国家社科基金单列学科（A23）		人文、社会科学国家自然科学基金（A22）	
	课题数（A111）	当年投入经费（A112）	课题数（A121）	当年投入经费（A122）	课题数（A131）	当年投入经费（A132）	课题数（A141）	当年投入经费（A142）	课题数（A151）	当年投入经费（A152）	课题数（A211）	当年投入经费（A212）	课题数（A231）	当年投入经费（A232）	课题数（A221）	当年投入经费（A222）
大连理工大学	64	3059.1	42	1981.8	43	1638.3	682	17896.6	46	3199.5	43	223	0	0	0	0
东北大学	40	4847.9	58	5587.1	44	8651.2	358	8344.7	12	1440.8	13	97.3	1	0	69	660.55
大连海事大学	0	0	0	0	9	227.6	84	1554.6	0	0	18	173	0	0	9	6.9
大连民族大学	0	0	0	0	0	0	71	421.7	0	0	19	143	0	0	0	0
辽宁大学	0	0	1	0	0	0	63	598.2	0	0	67	376.06	0	0	0	0
沈阳工业大学	1	10	5	158.1	3	90	35	554.2	3	190.4	1	0	0	0	1	4.8
沈阳航空航天大学	0	0	0	0	1	7	26	822.8	0	0	0	0	0	0	0	0
沈阳理工大学	0	0	0	0	1	15	12	229.2	0	0	1	20	0	0	1	0
辽宁科技大学	0	0	9	2388	2	0	42	1492	0	0	0	0	0	0	3	121
辽宁工程技术大学	1	41	0	0	0	0	61	1007.4	1	34.5	2	1	0	0	1	0
辽宁石油化工大学	0	0	0	0	0	0	16	453.8	0	0	0	0	0	0	0	0

续表

	科研课题（A）															
	自然科学（A1）										人文、社会科学（A2）					
	973 计划（A11）		国家科技攻关（A12）		863 计划（A13）		国家自然科学基金（A14）		科技部重大专项（A15）		国家社科规划基金（A21）		国家社科基金单列学科（A23）		人文、社会科学国家自然科学基金（A22）	
	课题数（A111）	当年投入经费（A112）	课题数（A121）	当年投入经费（A122）	课题数（A131）	当年投入经费（A132）	课题数（A141）	当年投入经费（A142）	课题数（A151）	当年投入经费（A152）	课题数（A211）	当年投入经费（A212）	课题数（A231）	当年投入经费（A232）	课题数（A221）	当年投入经费（A222）
沈阳化工大学	0	0	2	26.4	0	0	36	535.9	0	0	1	0	0	0	2	0
大连交通大学	1	130	0	0	2	82	20	850.5	0	0	0	0	0	0	3	41
大连工业大学	0	0	0	0	2	110	41	441.3	0	0	1	27	0	0	2	0
沈阳建筑大学	0	0	4	52.5	0	0	33	533.6	9	385.9	0	0	0	0	0	0
辽宁工业大学	1	8.2	1	8	1	24	17	219	2	102.5	1	18	0	0	0	0
沈阳农业大学	2	61	38	4776.6	0	0	121	4625	0	0	2	0	0	0	6	40
大连海洋大学	0	0	6	167.2	4	355.8	41	293.2	0	0	2	0	0	0	0	0
中国医科大学	3	140.8	3	60.9	1	0	249	3895.1	0	0	0	0	0	0	0	0
大连医科大学	5	104.2	2	27.6	0	0	67	1168.3	1	466.9	2	15	0	0	0	0
辽宁中医药大学	4	348	0	0	0	0	43	389.7	0	0	1	18	0	0	0	0
沈阳药科大学	1	39	0	0	1	57	140	1128	6	1378.7	2	16	0	0	1	10
辽宁师范大学	1	81	0	0	0	0	46	1170.3	0	0	25	96	0	0	0	0
沈阳师范大学	0	0	0	0	0	0	11	334.6	0	0	27	149.9	10	8.9	3	48
渤海大学	1	15	1	900	0	0	43	821.6	1	2	15	149	0	0	2	0
沈阳大学	0	0	0	0	0	0	10	350	0	0	2	4.9	0	0	0	0
大连大学	1	0	3	0.1	26	783.4	88	1304.3	0	0	10	52	1	0	1	0

续表

	科研成果（B）													
	自然科学（B1）									人文、社会科学（B2）				
	科技成果奖（B11）		著作数（B12）	学术论文（B13）		三大检索（B14）			专利数（B15）	人文、社会科学成果奖（B21）		著作数（B22）	学术论文（B23）	
	国家级（B111）	省部级（B112）		总数量（B131）	国外刊物发表的数量（B132）	SCI（B141）	EI（B142）	ISTP（B143）		国家级（B211）	省部级（B212）		总数量（B231）	国外刊物发表的数量（B232）
大连理工大学	5	39	24	5254	2946	1891	1880	419	397	0	5	47	346	34
东北大学	4	56	35	4006	1230	706	1278	663	275	0	1	59	663	28
大连海事大学	1	6	15	1271	424	154	557	60	82	0	0	81	390	30
大连民族大学	0	0	0	320	150	75	36	45	330	0	1	38	935	53
辽宁大学	0	3	1	387	213	100	43	18	25	0	3	66	678	18
沈阳工业大学	0	11	1	783	238	75	419	109	113	0	0	20	185	13
沈阳航空航天大学	0	2	5	700	36	98	261	7	43	0	0	0	60	10
沈阳理工大学	0	4	2	407	88	51	73	0	66	0	0	7	154	15
辽宁科技大学	0	5	3	393	54	53	280	3	60	0	1	7	214	26
辽宁工程技术大学	1	37	8	1060	152	41	282	119	13	0	0	20	186	16
辽宁石油化工大学	0	1	8	930	137	67	66	25	131	0	0	0	0	0
沈阳化工大学	0	2	0	584	159	75	185	23	85	0	0	2	80	15
大连交通大学	0	5	3	420	106	65	273	82	93	0	0	7	95	0
大连工业大学	0	11	0	860	222	67	240	215	63	0	0	0	154	1
沈阳建筑大学	0	12	17	1342	390	19	359	3	70	0	0	44	353	0
辽宁工业大学	0	4	0	533	161	85	73	3	57	0	0	3	120	0

续表

	科研成果（B）													
	自然科学（B1）								人文、社会科学（B2）					
	科技成果奖（B11）		著作数（B12）	学术论文（B13）		三大检索（B14）			专利数（B15）	人文、社会科学成果奖（B21）		著作数（B22）	学术论文（B23）	
	国家级（B111）	省部级（B112）		总数量（B131）	国外刊物发表的数量（B132）	SCI（B141）	EI（B142）	ISTP（B143）		国家级（B211）	省部级（B212）		总数量（B231）	国外刊物发表的数量（B232）
沈阳农业大学	0	13	13	739	155	108	69	20	42	0	0	2	72	0
大连海洋大学	0	4	0	437	65	36	96	5	57	0	0	4	337	3
中国医科大学	0	25	7	2837	813	752	40	21	7	0	0	2	102	3
大连医科大学	0	15	6	860	322	262	43	17	16	0	0	0	61	0
辽宁中医药大学	0	3	0	1157	42	38	2	0	12	0	0	9	42	0
沈阳药科大学	0	1	0	1124	390	367	25	0	111	0	0	8	134	1
辽宁师范大学	0	3	10	898	284	166	58	9	5	0	1	95	1337	85
沈阳师范大学	0	0	7	227	115	18	74	0	78	0	0	113	780	9
渤海大学	0	1	8	900	54	172	71	15	28	0	0	70	764	8
沈阳大学	0		8	301	224	66	176	12	82	0	0	34	83	16
大连大学	2	3	2	1312	208	59	141	8	45	0	0	28	462	7

资料来源：2013 年《辽宁省教育统计年鉴》。

表 C. 2　数据项目编号

i		j						k
1	2004	1	大连理工大学	科研课题	自然科学（A1）	973 计划（A11）	课题数（A111）	1
2	2005	2	东北大学				当年投入经费（A112）	2
3	2006	3	大连海事大学			国家科技攻关（A12）	课题数（A121）	3
4	2007	4	大连民族大学				当年投入经费（A122）	4
5	2008	5	辽宁大学			863 计划（A13）	课题数（A131）	5
6	2009	6	沈阳工业大学				当年投入经费（A132）	6
7	2010	7	沈阳航空航天大学			国家自然科学基金（A14）	课题数（A141）	7
8	2011	8	沈阳理工大学				当年投入经费（A142）	8
9	2012	9	辽宁科技大学			科技部重大专项（A15）	课题数（A151）	9
10	2013	10	辽宁工程技术大学				当年投入经费（A152）	10
		11	辽宁石油化工大学		人文社会科学（A2）	国家社科规划基金（A21）	课题数（A211）	11
		12	沈阳化工大学				当年投入经费（A212）	12
		13	大连交通大学			国家社科基金单列学科（A23）	课题数（A231）	13
		14	大连工业大学				当年投入经费（A232）	14
		15	沈阳建筑大学			人文、社会科学国家自然科学基金（A22）	课题数（A221）	15
		16	辽宁工业大学				当年投入经费（A222）	16
		17	沈阳农业大学	科研成果	自然科学（B1）	科技成果奖（B11）	国家级（B111）	17
		18	大连海洋大学				省部级（B112）	18
		19	中国医科大学			著作数（B12）		19
		20	大连医科大学			学术论文（B13）	总数量（B131）	20
		21	辽宁中医药大学				国外刊物发表的数量（B132）	21
		22	沈阳药科大学			三大检索（B14）	SCI（B141）	22
		23	辽宁师范大学				EI（B142）	23
		24	沈阳师范大学				ISTP（B143）	24
		25	渤海大学			专利数（B15）		25
		26	沈阳大学		人文社会科学（B2）	人文、社会科学成果奖（B21）	国家级（B211）	26
		27	大连大学				省部级（B212）	27
						著作数（B22）		28
						学术论文（B23）	总数量（B231）	29
							国外刊物发表的数量（B232）	30

资料来源：《辽宁省教育统计年鉴》。

表 C.3 基于熵权法计算出的辽宁省 2013 年各高校科技成果评价排名

排序	名称	得分	排序	名称	得分	排序	名称	得分
1	东北大学	0.23861	10	辽宁师范大学	0.01922	19	大连工业大学	0.00889
2	大连理工大学	0.20394	11	大连民族大学	0.01861	20	辽宁工业大学	0.00584
3	沈阳师范大学	0.13225	12	沈阳建筑大学	0.01749	21	大连海洋大学	0.0058
4	沈阳农业大学	0.02806	13	沈阳工业大学	0.01459	22	沈阳化工大学	0.0057
5	辽宁大学	0.02741	14	渤海大学	0.01378	23	沈阳大学	0.00546
6	大连海事大学	0.02633	15	中国医科大学	0.01314	24	辽宁中医药大学	0.00477
7	大连大学	0.02575	16	辽宁工程技术大学	0.01302	25	沈阳理工大学	0.00437
8	沈阳药科大学	0.02499	17	大连医科大学	0.01212	26	辽宁石油化工大学	0.00412
9	辽宁科技大学	0.02321	18	大连交通大学	0.01033	27	沈阳航空航天大学	0.00388

后　记

本书是在我的博士论文的基础上，结合多年高校工作经验撰写而成的。此间得到我的导师孙萍教授的细心指导和帮助，感激之情难以言表。此外，对那些给予过我无私鼓励和帮助的老师、同学、同事和朋友，一并表示感谢。由于水平有限，书中肯定存在这样或那样的不足，敬请读者批评指正！

丁　华

2023 年 5 月于沈阳